MW00878309

AUTISMO INFANTIL

DESMITIFICAR EL ESPECTRO AUTISTA, LO QUE
SIGNIFICA PARA USTED Y SU HIJO, Y CÓMO
AYUDARLES A DESARROLLAR SUS CAPACIDADES DE
COMUNICACIÓN, RAZONAMIENTO Y AFECTIVIDAD.

JENNA KAYE

Copyright 2023 - Todos los derechos reservados.

El contenido de este libro no puede ser reproducido, duplicado ni transmitido sin autorización directa por escrito del autor o del editor.

Bajo ninguna circunstancia se podrá culpar o responsabilizar legalmente a la editorial, o al autor, por cualquier daño, reparación o pérdida monetaria debida a la información contenida en este libro, ya sea directa o indirectamente.

Aviso legal:

Este libro está protegido por derechos de autor. Es sólo para uso personal. No puede modificar, distribuir, vender, utilizar, citar o parafrasear ninguna parte ni el contenido de este libro sin el consentimiento del autor o del editor.

Aviso de exención de responsabilidad:

Tenga en cuenta que la información contenida en este documento sólo tiene fines educativos y de entretenimiento. Se ha hecho todo lo posible por presentar una información exacta, actualizada, fiable y completa. No se declaran ni se implican garantías de ningún tipo. Los lectores reconocen que el autor no se dedica a prestar asesoramiento jurídico, financiero, médico o profesional. El contenido de este libro procede de diversas fuentes. Consulte a un profesional autorizado antes de poner en práctica las técnicas descritas en este libro.

Al leer este documento, el lector acepta que, bajo ninguna circunstancia, el autor es responsable de cualquier pérdida, directa o indirecta, en la que se incurra como resultado del uso de la información contenida en este documento, incluyendo, pero no limitado a, errores, omisiones o inexactitudes.

ÍNDICE

INTRODUCCIÓN

Autismo, una palabra de seis letras que tiene mucho peso. No sólo para los niños que padecen este trastorno neurológico, sino para toda la familia. La vida cambia en un abrir y cerrar de ojos en el momento en que el término trastorno espectral del autismo se introduce en el mundo de su familia, pero eso no significa que no haya esperanza y que usted esté solo para enfrentarse al diagnóstico de su hijo. En todo caso, significa que hay más amor y apoyo para ti y tu familia. Hay grupos y familias que saben por lo que estás pasando, y creo que eso es increíble.

No voy a decir que la vida será más fácil en el momento en que todo encaje en tu cerebro de que este es el problema y que puedes usar X, Y y Z para solucionarlo. Desgraciadamente, no existe una cura, una solución rápida o una inyección que haga desaparecer el autismo. Por no hablar de la

Todo el proceso es un juego de espera. Entre las pruebas, las evaluaciones, el diagnóstico y las terapias subsiguientes, y hay bastantes entre las que elegir, pueden pasar meses, si no años, hasta que sienta que está viendo algún progreso en su hijo. Eso sin contar los años que se pasa preguntándose si su hijo o hija simplemente va retrasado en sus logros, si es testarudo y no quiere aprender, o si hay algo realmente diferente en él que usted no está viendo.

No incluye las miradas de reojo o las miradas fijas en el supermercado de completos extraños mientras su hijo tiene una rabieta porque las luces son demasiado brillantes, su ropa le molesta o las distintas voces en el pasillo son demasiado abrumadoras para él. No incluye las reuniones de padres y profesores debido a las numerosas molestias que puede estar causando su hijo o porque se niega a hablar en clase. Tampoco incluye los años que tarda su hijo en aprender a hablar y comunicarse, para luego retroceder y dejar de hablar por completo. Tampoco incluye las noches en las que tú, el padre, te quedas despierto preguntándote si el niño al que quieres más que a nada en el mundo será alguna vez como los demás niños de su edad. Te preguntas si algún día será independiente y cuidará de sí mismo, conseguirá un trabajo o dejará de llevar el mismo disfraz de Batman todos los días.

Por supuesto, no todos los niños con autismo son así, éstas son sólo algunas de las formas en que se presenta el trastorno del espectro autista. Además, estos ejemplos no se utilizan para asustarte, sino para mostrarte que no estás solo en esto. Según el informe más reciente de los CDC (2023), alrededor de 1 de cada 36 niños es diagnosticado con trastorno del espectro autista (TEA) cada año, y afecta a niños de todos los orígenes raciales, socioeconómicos y étnicos. En otras palabras, al autismo no le importa de qué raza seas, cuánto dinero tengas en tu cuenta bancaria o de qué país emigraron tus antepasados. Incluso famosos como Denise Richards, John Travolta, Jenny McCarthy y Jenny "JWoww" Farley, de *Jersey Shore,* han hablado abiertamente sobre la crianza de un niño con autismo.

Aunque su mundo se tambalee en el momento en que el médico le comunique el diagnóstico de su hijo, descubrirá que todo mejora con el tiempo. Llegará a aceptar que su hijo tarde un poco más en comprender cosas sencillas, como el habla, el contacto visual o la lectura de señales sociales. Se alegrará de su talento artístico cuando le traiga cuadros tan buenos que Miguel Ángel estaría celoso. El talento de tu hijo eclipsará sus síntomas y te darás cuenta de que el TEA es sólo una parte de él. No son autistas, simplemente tienen autismo.

Para ser completamente transparente contigo, voy a decirte que habrá momentos en los que querrás derrumbarte. Habrá días, y a veces semanas, en los que parecerá que las rabietas no tienen fin. Los gritos se apoderan de ti y la frustración llega a ser demasiado. Habrá lágrimas tanto tuyas como de ellos. Así que, sí, habrá días que serán un asco, pero la clave está en *aceptarlos*.

Porque, aunque a veces sientas que estás fracasando como padre y que no sabes qué hacer para "arreglarlo", como les ocurre a muchos padres con todos los problemas de sus hijos, esos días quedarán eclipsados por los buenos momentos. Ese ataque de gritos de tres horas se olvidará en cuanto oiga a su hijo no verbal decir "mamá" o "papá" por primera vez. Su aversión a ciertos tipos de comida pasará fácilmente desapercibida en cuanto sepa atarse los zapatos sin ayuda.

Como padres, lo único que queremos es que nuestros hijos vivan una vida feliz y plena. Queremos que crezcan y se conviertan en seres humanos autosuficientes, independientes y cariñosos. Pero cuando nos diagnostican autismo, nuestro cerebro entra en barrena y nos dice que nuestro hijo no podrá experimentar ninguna de esas cosas.

en la vida. Sin embargo, no tiene por qué ser así. Hay muchas personas de éxito con TEA en el mundo, y han llegado donde están porque sus padres aceptaron el diagnóstico y aprendieron a adaptarse a su mundo en lugar de luchar contra él o negarlo. La cuestión es que, para que su hijo pueda vivir su mejor vida, usted, como principal cuidador y mayor apoyo, debe aceptar el diagnóstico, ignorar todos los mitos que rodean al trastorno y ser su principal defensor.

Así que este libro es para ti, la madre que se preocupa mucho por cómo su hijo se las arreglará solo en este mundo. El padre que desea que su hijo se interese por los deportes. El padre que renunciaría a todas sus posesiones materiales por un abrazo o un "te quiero" de su hijo sin que éste se lo pidiera. O, lo que es peor, los padres que están plagados de comentarios insensibles como "Bueno, no parecen autistas", "Oh, eso es lo que les pasa", y que reciben miradas juzgadoras de familiares y amigos porque su hijo se niega a ser cariñoso, a socializar o se esconde de todo el mundo en las reuniones. Te veo y estoy aquí para ayudarte, y no soy la única. Existen grupos de apoyo, empresas, programas y alojamientos que están preparados y dispuestos a ayudarte cuando te sientas atascado en el abrumador mundo de todo lo relacionado con el TEA, y este libro será una increíble ayuda para ti.

referencia para mostrarte dónde puedes acudir cuando te sientas perdido.

Hay muchos sentimientos en torno al diagnóstico de autismo, lo entiendo. Está el sentimiento de culpa, de que algo que puedes haber hecho o no puede haberlo causado. La pregunta incesante de si podrías haber hecho más por tu hijo o por qué tardaste tanto en darte cuenta de que algo iba mal. La carga económica que suponen las múltiples terapias, adaptaciones, clases de educación especial y facturas médicas. Está la confusión emocional, el agotamiento y la frustración cuando se trata de un niño con necesidades especiales. Además, algunas personas tienen dificultades para encontrar recursos que ayuden a su hijo a prosperar. Por último, pero no por ello menos importante, está la falta de comprensión de la sociedad. Tanto los niños como los adultos con TEA son incomprendidos y a menudo duramente juzgados fuera de los confines de su hogar. Son discriminados por empresarios, profesores, otros padres y sus propios compañeros, lo que dificulta que las personas con TEA prosperen en este mundo.

Estos temas son todos los que se tratarán en este libro. ¿Por qué? Porque cada niño con autismo merece la posibilidad de convertirse en su mejor yo. Merecen vivir una vida feliz, sana y plena al margen de su diagnóstico. Merecen ser aceptados por

quiénes son sin ser juzgados y poder ser la persona única que son para que puedan prosperar en este mundo. Esperaríamos este trato para cualquier niño, así que ¿por qué debería ser determinante algo como el autismo?

Así que, sin más preámbulos, comencemos este viaje de desmitificación del mundo del trastorno del espectro autista. Descubramos lo amplios y vastos que son los recursos, exploremos la comunidad que le acogerá con los brazos abiertos y las muchas formas en que puede apoyar a su hijo después de su diagnóstico.

1

TODO SOBRE ASD

El autismo no tiene por qué definir a una persona. Los artistas con autismo son como cualquier otra persona: se definen a sí mismos a través del trabajo duro y la indivi- dualidad.

— ADRIENNE BAILON, ARTISTA

Oímos hablar del trastorno del espectro autista, a veces denominado simplemente autismo, pero ¿qué es exactamente? Bueno, según la Asociación Americana de Psiquiatría, este trastorno es una condición compleja del desarrollo que crea dificultades en múltiples áreas y aspectos de la vida de una persona, incluyendo, pero no limitado a , la comunicación, la socialización, sensorial

problemas, intereses limitados y comportamientos repetitivos (como aleteo de manos, tics vocales y repetición de palabras) (Copeland, 2018).

Aunque suene muy grave, los síntomas y los retos varían de una persona a otra, de ahí que la palabra "espectro" esté en el nombre. En este trastorno, el nivel de funcionalidad de una persona determina en qué parte del espectro se encuentra, mientras que el extremo inferior del espectro se considera de alto funcionamiento (lo que antes se denominaba síndrome de Asperger) y el extremo superior del espectro se considera de muy bajo funcionamiento (aquellos que tienen déficits graves, como los no verbales, y necesitan ayuda). Aunque existen terapias y otros tipos de ayuda, el autismo no tiene cura y es un trastorno que dura toda la vida.

SÍNTOMAS QUE CONDUCEN AL DIAGNÓSTICO

El trastorno del espectro autista requiere un diagnóstico oficial por parte de un profesional médico cualificado; sin embargo, los padres suelen ser los primeros en darse cuenta de que algo no va bien con su hijo. No es necesariamente que les ocurra algo malo, sino que se comportan o comunican de forma diferente a sus hermanos u otros niños de su edad.

Estos síntomas incluyen (Copeland, 2018)

- Comunicación social
- Evita o es incapaz de mantener el contacto visual No responde a su nombre antes del año de edad
- Ausencia de expresiones faciales importantes, como felicidad, tristeza, sorpresa o enfado No utiliza gestos comunes, como saludar con la mano.
- despedirse, señalar o soplar besos, después de la edad de un año
- Incapacidad para leer las señales faciales a los dos años Dificultad para llevarse bien o desinterés por jugar con niños de su edad a los dos años.
- tres años
- Imaginación atrofiada o juego de simulación a la edad de cuatro años (no juega a las casitas, no finge ser médico, etc.).
- No intenta cantar, actuar o bailar para personas menores de cinco años.
- Comportamientos o intereses evasivos, restringidos o repetitivos.
- Evita determinadas texturas de alimentos o tejidos de ropa Alinea u organiza los juguetes por colores, formas u otras categorías y se enfada si alguien cambia el orden
- Juega siempre con los mismos juguetes de la misma manera
- Hiperfijos sobre temas o asuntos concretos

- (bichos, trenes, coches, etc.)
- Se agobia fácilmente ante cualquier cambio de planes Sus días se basan en la rutina Reacciones inusuales y exageradas a temperaturas, luces, sonidos, sabores o texturas Retraso en el lenguaje, el movimiento y las habilidades cognitivas y de comprensión. Retraso en el aprendizaje para ir al baño, el uso de cubiertos o problemas para coger objetos con el pulgar y el índice.
- Muestra comportamientos sensoriales inusuales (lamer o masticar objetos no comestibles, oler cosas, hurgarse constantemente la piel o morderse los labios).
- Impulsividad, hiperactividad y/o falta de atención
- Problemas estomacales (estreñimiento o diarrea crónicos)
- Falta de ánimo o cambios de humor exagerados Niveles excesivos de estrés, ansiedad y preocupación Falta de miedo o miedo a todo
- Comportamientos inusuales de sueño y alimentación Epilepsia o trastornos convulsivos

El médico o los padres suelen reconocer los signos y síntomas antes del primer año de vida, sobre todo si el niño presenta un retraso significativo en los hitos más importantes, como gatear, sentarse por sí solo o hablar. Aunque puede que el bebé se retrase en algunos hitos, los signos del TEA suelen hacerse más evidentes, visibles y constantes a los dos o tres años. Sin embargo, hay casos en los que los síntomas no son tan evidentes y no se detectan hasta que el niño empieza a ir al colegio, sobre todo debido a otras dificultades observadas por el profesor a la hora de comprender nuevos temas, comunicarse con sus compañeros y concentrarse en la tarea.

Proceso de selección y pruebas

El primer paso para que su hijo reciba la ayuda y los servicios que necesita es recibir un diagnóstico adecuado. Sin embargo, el proceso de recibir ese diagnóstico no puede hacerse con un análisis de sangre o una simple revisión con el pediatra de su hijo. Al contrario, requiere una serie de evaluaciones y un seguimiento del desarrollo por parte de especialistas formados y certificados para reconocer los signos de esta afección concreta.

SEGUIMIENTO DEL DESARROLLO

Este tipo de seguimiento es un proceso continuo y a largo plazo que continúa a medida que el niño crece y desarrolla más capacidades y habilidades. El seguimiento del desarrollo consiste en una serie de observaciones atentas a los hitos físicos y de desarrollo del niño, a las habilidades propias de su edad y a su forma de comunicarse con los demás.

Padres, cuidadores, familiares, profesores y médicos forman parte del proceso de seguimiento del desarrollo. Si a usted o a su pareja les preocupa algún aspecto del desarrollo emocional, conductual, físico o intelectual del niño que el pediatra no haya visto de primera mano, deberían planteárselo en la próxima revisión. Esto también podría poner de manifiesto otras posibles afecciones, como el trastorno por déficit de atención con hiperactividad, otros trastornos del aprendizaje o diversas discapacidades.

Exámenes del desarrollo

Este paso del proceso es más formal que el seguimiento del desarrollo mental y lo realiza el médico de cabecera de su hijo. Normalmente, este paso se da durante las revisiones habituales, en las que el objetivo principal del médico es comprobar cómo se está desarrollando el niño y cómo va cumpliendo sus principales hitos. El pediatra puede observar signos

que usted desconoce, lo que les permite remitirle a alguien que pueda ayudarle.

Diagnóstico del desarrollo

En este paso del proceso se decide si el niño se desarrolla con normalidad, si presenta un ligero retraso o si es necesario recurrir a un especialista para una evaluación más exhaustiva. Si un breve instrumento de cribado detecta un área importante de preocupación, se programará una evaluación más exhaustiva.

El diagnóstico real se realiza durante una exploración y evaluación llevadas a cabo por un especialista cualificado, que suele ser un psicólogo infantil, un pediatra del desarrollo, un terapeuta ocupacional o un logopeda. Contrariamente a la creencia popular, aunque el neurólogo considere que el niño presenta signos y síntomas de autismo, no puede hacer un diagnóstico oficial; sin embargo, puede remitirle a alguien que sí lo haga.

La evaluación diagnóstica puede realizarse en una o varias reuniones con el niño y sus padres. Puede incluir una prueba estructurada, que mostrará el cociente intelectual (CI) del niño, diversas habilidades (comprensión lectora, razonamiento espacial, etc.) y en qué aspectos se está quedando atrás. A los padres también se les harán preguntas y puede que tengan que rellenar cuestionarios sobre los comportamientos que observan en casa. El especialista tendrá en cuenta toda esta información y elaborará un informe en el que destacará los puntos fuertes y débiles del niño. Una vez hecho esto, podrán decidir si el niño cumple los criterios del TEA y qué lugar ocupa en el espectro.

CAUSAS Y FACTORES

Desgraciadamente, los investigadores aún no han averiguado qué es exactamente lo que provoca el TEA. No hay una respuesta específica a por qué un niño puede tenerlo y otro no. No existe ninguna prueba durante el embarazo que pueda determinar si el niño será autista o no. Sin embargo, los científicos no han dejado de buscar una respuesta. Se está investigando mucho sobre las causas del TEA y, por el momento, los científicos creen que puede que no haya una única razón. Más bien, creen que puede ser una combinación de múltiples causas que actúan juntas y crean los síntomas del trastorno del espectro autista (Cleveland Clinic, 2020).

A pesar de no conocer el vínculo específico que provoca que un niño tenga TEA, se ha descubierto que algunos factores aumentan la probabilidad de que se le diagnostique esta afección. Muchos padres se sienten culpables de que algo que hayan hecho o no haya provocado que su hijo padezca TEA.

ser autista, pero éste no es uno de los factores. Aunque los padres pueden transmitir el trastorno del espectro autista a sus hijos, no es algo que esté bajo su control. Así es. Es genética a la antigua usanza, amigos.

La genética es un factor conocido cuando se trata del TEA; sin embargo, los científicos sólo han encontrado entre el 10 y el 20% de los trastornos genéticos que se sabe que causan autismo (Cleveland Clinic, 2020). Ahora bien, dicho esto, el autismo es hereditario entre las familias. Esto no debería ser necesariamente una sorpresa teniendo en cuenta el hecho de que nuestra genética se transmite de generación en generación. Según la Clínica Cleveland (2020), la probabilidad de que un hermano tenga TEA después de que se diagnostique a un hijo es un 20% mayor que en un hogar sin un niño neurodivergente en la familia. Ese porcentaje aumenta hasta el 32% en el caso de los niños que tienen dos hermanos con la enfermedad.

Factores de riesgo

Siendo esta condición un tema popular de investigación, se han encontrado algunos factores de riesgo que aumentan la probabilidad de que un niño tenga TEA (Mayo Clinic, 2018):

- **El sexo: De** hecho, el sexo de tu hijo puede determinar la probabilidad de que padezca TEA, ya que los niños tienen cuatro veces más probabilidades de ser diagnosticados que las niñas.
- **Antecedentes familiares:** Como ha leído en la sección anterior, cuando un niño de la familia padece un trastorno del espectro autista, sus hermanos corren un mayor riesgo de padecer también esta afección. Además, si uno de los padres u otro pariente cercano (como un primo hermano, una tía, un tío o un abuelo) tiene autismo, aunque no se lo diagnostiquen hasta más tarde o haya mostrado signos de comunicación o habilidades sociales, la probabilidad de que un niño tenga TEA también es mayor.
- **Trastornos genéticos:** Como ya se ha mencionado, hay algunos trastornos genéticos que se sabe que causan o son un factor que contribuye al TEA. Entre ellos se encuentran el síndrome X frágil, el síndrome de Rett, la esclerosis tuberosa y la enfermedad tiroidea.
- **Nacimiento prematuro:** Teniendo en cuenta que nuestro cerebro se desarrolla al máximo durante el

tercer trimestre, no es de extrañar que los niños nacidos extremadamente pronto (especialmente los que nacen alrededor de las 26 semanas de gestación) tengan más probabilidades de tienen TEA.

- **Edad de los padres:** Aunque se están realizando más investigaciones, los estudios han demostrado que puede haber Existe una relación entre la edad avanzada de los futuros padres y los niños con TEA.

Mitos desmentidos

Las vacunas no causan autismo

Con el aumento de padres que afirman que su hijo recibió una vacuna y de repente desarrolló autismo, los científicos han realizado numerosos estudios para asegurarse de que esto no sucedió. Si recuerdas, al principio de este capítulo repasamos todos los signos y síntomas del TEA. Muchos de los signos son visibles antes del año de edad, algunos de ellos incluso se presentan antes de los nueve meses. La relación entre que un niño reciba una vacuna y se convierta inmediatamente en autista no existe y, a menudo, esos síntomas se pasaron por alto para empezar (Cleveland Clinic, 2020).

Los padres que se niegan intencionadamente a vacunar a sus hijos por miedo a que se vuelvan autistas los están poniendo en mayor peligro. El sarampión, las paperas, la rubéola, la tos ferina y otros virus graves pueden costarle la vida a un niño pequeño y la de los demás si lo contagian.

Las niñas presentan los mismos síntomas que los niños

Aunque muchos de los síntomas del trastorno del espectro autista son similares para niños y niñas a una edad temprana

edad, los géneros tienden a mostrar los signos de forma diferente a medida que envejecen. Esto se debe a que las niñas son más propensas a enmascarar sus síntomas que los niños, lo que dificulta y alarga el proceso de diagnóstico. A menudo, la capacidad de una niña para enmascarar los signos del TEA puede hacer que se le diagnostique erróneamente un trastorno del aprendizaje o un TDAH, o que se le diga que no padece la enfermedad. Esto puede hacer que, a largo plazo, las chicas tengan dificultades en muchos aspectos de su vida, como el noviazgo, el empleo y la ampliación de sus estudios.

LAS PERSONAS CON AUTISMO SON SABIAS O NO VERBALES

Como aprenderá en la sección siguiente, el autismo es un espectro. Esto significa que, si bien es cierto que algunas personas pueden pertenecer a una de estas categorías del espectro, en lo que se refiere a las capacidades no existe una disyuntiva. Por no mencionar que el trastorno del espectro autista incluye una amplia variedad de otros diagnósticos concurrentes, una amplia gama de capacidades funcionales, así como conjuntos únicos de puntos fuertes y débiles.

Las personas con espectro no pueden tener o mantener relaciones de pareja

Este mito no podría estar más lejos de la realidad. Hay personas con autismo que están casadas, tienen hijos y son capaces de mantener amistades duraderas con varias personas. Contrariamente a la creencia de que las personas con autismo prefieren estar solas, los estudios han demostrado que muchas de ellas desean pertenecer a un grupo social, tener una relación y socializar con sus compañeros de trabajo (Brownlow et al., 2013).

Los mejores trabajos para una persona con autismo implican tareas repetitivas

El hecho de que los comportamientos repetitivos y la necesidad de rutina sean dos signos distintivos del autismo no significa que las personas con espectro sólo sean capaces de desempeñar profesiones relacionadas con estos dos aspectos. Las personas con autismo tienen muchos talentos y puntos fuertes que pueden ser beneficiosos para un empleador. Una persona no debería limitar sus opciones profesionales debido a una afección. Hay muchos hombres y mujeres de éxito que pertenecen al espectro autista, como Elon Musk, Albert Einstein, Emily Dickenson y Tim Burton, por nombrar sólo a algunos. Todas estas personas son excelentes ejemplos de lo que las personas con autismo son capaces de hacer a pesar de su diagnóstico.

NIVELES DE AUTISMO

Como he mencionado antes, el autismo se basa en un espectro. Esto significa que hay distintos niveles, cada uno de los cuales indica cómo la persona es capaz de funcionar sin ayuda. Según el *Manual Diagnóstico y Estadístico del Trastorno Mental de la* Asociación Americana de Psiquiatría (APA), el autismo es un trastorno mental.

Disorders, 5ª edición (DSM-5), existen tres niveles de autismo (2013). Cada nivel se utiliza con fines diagnósticos e indica a médicos, padres y educadores cuánto apoyo y asistencia necesitará el niño.

Nivel uno: Requiere asistencia

Se considera que el TEA de nivel uno es la forma de autismo de más alto grado de afectación o más leve del espectro. Con el DSM-5 eliminando el síndrome de Asperger de su manual, los que recibieron este diagnóstico específico antes de 2013 entrarían en el nivel uno. Los niños considerados de nivel uno tienen dificultades con las habilidades sociales. Pueden tener problemas para hacer amigos, mantener relaciones, mantener una conversación y comprender las señales sociales. También pueden tener dificultades para organizarse, centrarse en las tareas, planificar con antelación y tardar más tiempo en cambiar de una tarea a otra.

Nivel 2: Requiere una asistencia importante

Los niños con TEA de nivel dos tienen más dificultades con los comportamientos repetitivos y la comunicación social que los considerados de nivel uno. Sus dificultades radican en la comunicación verbal y no verbal, como la incapacidad para establecer o mantener el contacto visual o alejarse en medio de una conversación. También pueden reaccionar de forma inusual debido a su incapacidad para comprender las señales sociales, lo que hace que la relación sea más difícil.

El niño es más difícil de mantener y de reconocer cuándo y por qué ha molestado a los demás.

El TEA de nivel dos también se presenta con una inflexibilidad en el comportamiento que es mucho más notable y ocurre con más frecuencia que en el caso del nivel uno. Por ejemplo, un cambio repentino de planes puede hacer que un niño con TEA de nivel dos se sienta abrumado y provoque una crisis total. Aunque conozcan el plan, puede resultarles difícil dejar de hacer lo que están haciendo para poder asistir a la actividad o tarea programada previamente. Los comportamientos repetitivos como agitarse las manos, golpearse los dedos, morderse los labios o dar vueltas también son más pronunciados en este nivel.

Nivel 3: Requiere una ayuda extremadamente importante

El nivel tres del TEA presenta dificultades muy pronunciadas y graves en lo que respecta a las habilidades sociales y de comunicación, así como inflexibilidad. Los niños de este nivel del espectro tienden a ser no verbales o a tener graves dificultades para hablar. Su capacidad para iniciar conversaciones y responder a los demás es extremadamente limitada, y tienden a comunicarse con los cuidadores sólo si hay una necesidad que satisfacer.

Al igual que los niveles uno y dos, los niños con TEA de nivel tres muestran inflexibilidad con el comportamiento, luchan con cambiar de una tarea a otra, enfrentarse a un cambio de horario y centrarse en las tareas que tiene entre manos, pero en un grado mucho mayor. El uso extremo de conductas repetitivas es mucho más notorio y todas las dificultades que se encuentran comúnmente con los niños que tienen TEA de nivel tres causan una angustia significativa en su vida cotidiana.

Los niños con TEA de nivel tres también pueden presentar síntomas más graves en comparación con los otros dos niveles. Presentan dificultades importantes en lo que respecta a la comunicación, como la incapacidad para comunicarse con los demás utilizando el lenguaje hablado y el hecho de que algunos niños no sean conscientes de la presencia de otras personas. Asimismo, muchos niños con TEA de nivel tres también presentan deficiencias y trastornos cognitivos significativos, por lo que a menudo necesitan utilizar dispositivos generadores del habla y tableros de imágenes para comunicarse. También es más probable que tengan problemas físicos, como problemas digestivos y de sueño, así como convulsiones (Andreasen, 2022).

WRAP- UP

En este capítulo ha aprendido qué es el trastorno del espectro autista y cuáles son los síntomas más comunes que suelen presentar los niños a determinadas edades. También ha aprendido el proceso de diagnóstico, las causas y los factores de riesgo, así como desmiente algunos de los mitos más comunes en torno a esta enfermedad.

En el siguiente capítulo, aprenderás todo sobre las crisis y las rabietas. Descubrirás qué implica cada una, cómo diferenciarlas y algunos consejos que os ayudarán a ti y a tu hijo a afrontarlas.

2

CRISIS Y RABIETAS

Veo a las personas con síndrome de Asperger como un hilo
brillante en el rico tapiz de la vida.

— TONY ATTWOOD

O dos los padres se han enfrentado o han visto a un niño con una rabieta. Ya sea en medio de de la tienda de comestibles porque no han conseguido la chocolatina que querían o en un restaurante porque necesitan una siesta, las rabietas de los niños se convierten en parte natural del día. Sin embargo, las rabietas y los ataques de ira de los niños autistas no son como los llantos y lloriqueos de un niño sin autismo.

Piense en una crisis como un acontecimiento catastrófico, como una central eléctrica radiactiva que destruye todo lo que encuentra a su paso: es el equivalente a una rabieta de un niño con TEA. Estas crisis intensas tienen una gran carga emocional, duran más y son más difíciles de parar que una rabieta normal. Sin embargo, a pesar de que estos dos términos se utilizan indistintamente, existe una diferencia entre ambos en el mundo del TEA.

DIFERENCIAS ENTRE RABIETAS Y CRISIS NERVIOSAS

Así que, vamos a desglosar esto, ¿de acuerdo? En primer lugar, empezaremos por cómo se define cada tipo. Según la Sociedad Nacional de Autismo (2020), una crisis es una respuesta extremadamente intensa a un acontecimiento abrumador que hace que un niño con TEA pierda el control de su comportamiento. La forma en que se presenta esta respuesta es a través del llanto, gritos, chillidos, patadas, puñetazos o mordiscos. A veces, puede expresarse mediante una combinación de estas respuestas.

Una crisis se produce cuando el niño tiene dificultades para expresar sus emociones desbordadas y no es el resultado de un mal comportamiento, como se suele creer. Este tipo de reacción puede hacer que un niño con TEA sea incapaz de interactuar con los demás, evite la situación por completo o se retraiga por completo.

El motivo de una rabieta en un niño con TEA es similar al de uno sin TEA. Suele deberse a una necesidad o deseo que no se satisface; sin embargo, la reacción puede ser algo más exagerada en un niño autista. Normalmente, la rabieta termina cuando los padres o el cuidador ceden o cuando el niño se da cuenta de que no se va a salir con la suya.

¿Tiene su hijo una crisis o una rabieta?

A veces, averiguar si la respuesta de su hijo se debe a que está abrumado o a una necesidad que no está siendo satisfecha puede resultar difícil. Sin embargo, hay una serie de preguntas que puedes hacerte para ayudarte a determinar qué paso debes dar para aliviarles de sus factores estresantes.

- **¿Su reacción está orientada a un objetivo o se debe a una sobrecarga sensorial?** La respuesta a esta pregunta puede ser un poco difícil, pero quizá puedas averiguarla si recuerdas lo que ocurrió antes de que empezara a reaccionar. ¿Querían una galleta y les dijiste que no? ¿Hay mucha luz en la habitación? ¿Cuánta gente hay a su alrededor? ¿Hay música alta? ¿Estaban frustrados porque ¿No puede abrocharse la camisa o atarse los zapatos solo? La respuesta a esta pregunta puede darte una idea de lo que le pasa a tu hijo.
- **¿Hay mucha gente alrededor?** A los niños que tienen rabietas *les encanta* tener público. ¿Por qué? Porque cuanta más gente haya a su alrededor

mientras gritan y lloran, más probable es que sus padres cedan a lo que quieren, para que se calmen. La diferencia es que, con una crisis autista, esta reacción emocional se producirá tanto si hay público alrededor como si no.

- **¿Cumplir una necesidad o deseo concreto hará que cese su reacción?** Si la respuesta es afirmativa, se trata de una rabieta. Como ya hemos dicho, una rabieta puede hacer que el niño se retraiga y se cierre en banda. Son difíciles de calmar, así que darles una galleta o comprarles el juguete que quieren no les sacará de su estado de sobreestimulación.

Si determinas que tu hijo está teniendo una crisis, no te preocupes. Hay consejos, técnicas y estrategias que puedes utilizar para calmarlo. No se han perdido todas las esperanzas. Exploremos las formas en que puede ayudar a su hijo y detener su comportamiento explosivo.

CONSEJOS, TÉCNICAS Y ESTRATEGIAS PARA COMBATIR UN ATAQUE DE NERVIOS

Una crisis se produce cuando un niño tiene una cantidad excesiva de energía, estimulación sensorial y emociones que es incapaz de liberar. Al igual que una bomba, cuando todas estas cosas se acumulan unas sobre otras, se acumulan dentro del cuerpo del niño. La presión aumenta y aumenta hasta que no hay otra forma de liberar esos sentimientos que explotando. Pero, como ya he dicho, hay formas de calmar la situación. He aquí cómo:

1. **Asegúrate de que están a salvo:** Este es uno de los pasos más importantes cuando se trata de crisis nerviosas. Si existe la posibilidad de que algo en el entorno pueda causar daño al niño o a otra persona, hay que apartar al niño de esa zona. Por ejemplo, si el niño tiene el hábito de tirar cosas, hay que alejarlo de muebles pesados que pueda tirar sobre sí mismo o de objetos pesados que pueda arrojar.

2. **Utiliza tu rutina tranquilizadora:** Si no has creado una rutina para calmar a tu hijo, éste puede ser el momento de hacerlo. Las crisis no cesarán hasta que se regulen las emociones de tu hijo, así que saber qué le ayuda a hacerlo es una bendición. La mayoría de Los niños con TEA utilizan algún tipo de estimulación (de la que hablaremos en el próximo capítulo) para mantener regulados sus sentidos y emociones. Si puedes recordárselo a la vez que utilizas palabras muy tranquilizadoras para no abrumarlos aún más, es posible que consigas aliviarlos. Si, y sólo si, tu hijo se siente bien con el contacto físico, también puedes utilizar técnicas reconfortantes como un abrazo apretado, envolverle en una manta con peso o darle su jersey suave favorito. A algunos niños también les gustan ciertos olores, como la lavanda, que pueden ayudarles a

relajarse y estar más tranquilos. Incluso puedes combinar algunos de los objetos que más reconfortan a tu hijo, como rociar su manta favorita con perfume de lavanda (siempre que no sea demasiado fuerte. No querrás añadirle más estrés si sus sentidos ya están sobrecargados).

3. **Háblalo:** Una vez que tu hijo se haya calmado, puedes aprovechar para hablar de lo que les ha hecho reaccionar así. Permitirle expresar sus emociones le ayudará a sentirse mejor. Además, si su crisis fue una reacción a una sobreestimulación por una determinada situación o entorno, puedes tomar nota mentalmente para evitar otra crisis. en el futuro. Por supuesto, todo el mundo tiene que enfrentarse a desencadenantes emocionales a diario, y no podemos ir por la vida evitándolos. Sin embargo, si toma nota mentalmente de lo que ha desencadenado esta reacción, puede comunicárselo al terapeuta ocupacional o al médico de su hijo para que le ayuden a trabajar. a través de él.

Cuando aprendas a calmar a tu hijo durante una crisis, también aprenderás qué estrategias utilizar para evitar que se produzcan en el futuro. Si sabe que una situación o un entorno concretos causan angustia a su hijo, tendrá un punto de partida sobre lo que debe trabajar. Puede empezar a utilizar un registro del comportamiento para llevar la cuenta de cuándo, dónde y por qué se producen esas crisis, lo que permitirá al especialista de su hijo y a los distintos terapeutas saber en qué área tiene más dificultades su hijo.

WRAP- UP

En este capítulo has aprendido la diferencia entre rabietas y crisis. Mientras que la mayoría de los niños, si no todos, tienen rabietas cuando no se salen con la suya, una crisis es el resultado de un niño que lucha por expresar sus emociones, su frustración o está sobreestimulado.

También aprendió algunos consejos sobre cómo ayudar a su hijo a calmarse y qué hacer después, incluyendo cómo llevar un registro de comportamiento puede proporcionar al terapeuta de su hijo una idea de dónde puede estar luchando.

En el próximo capítulo, analizaremos las formas en que un niño con TEA se autorregula mediante el uso de la estimulación y la ecolalia, y trataremos el tema de los problemas sensoriales que pueden experimentar muchos niños con autismo.

3

ESTIMULACIÓN, ECOL ALIA Y PROBLEMAS SENSORIALES

El autismo es parte de mi hijo. No es todo lo que es. Mi hijo es mucho más que un diagnóstico.

— S.L. COELHO

A autorregulación es importante para todos los habitantes del planeta, ya que nos ayuda a gestionar nuestras emociones, calmarnos cuando estamos ansiosos y reducir nuestros niveles de estrés. Esencialmente, es nuestra forma de "mantener la calma" cuando estamos abrumados. Mientras que algunas personas utilizan la comida, el ejercicio u otras opciones diversas como forma de autorregularse, los niños con TEA utilizan el acto de estimulante.

¿QUÉ ES LA ESTIMULACIÓN ?

La estimulación se considera un comportamiento de auto-rregulación para los niños con autismo y se expresa como movimientos y/o ruidos repetitivos inusuales (Pietrangelo, 2017). La razón por la que la estimulación se incluye en los criterios diagnósticos del autismo es que, aunque todo el mundo estimula de alguna manera para autorregular sus emociones, estos comportamientos repetitivos pueden descontrolarse fácilmente y alterar la vida cotidiana del niño. Por ejemplo, si un niño chilla o chilla mientras está en el colegio, puede considerarse que interrumpe o distrae a sus compañeros.

Los niños sin TEA pueden utilizar la estimulación como forma de expresar aburrimiento, irritación o nerviosismo. Pueden morderse las uñas, golpearse los pies o jugar con el pelo. Sin embargo, saben cuándo parar si sus acciones están llamando una atención no deseada o haciendo que los demás se molesten con ellos. La diferencia es que un niño con TEA no suele ser consciente de que su comportamiento repetitivo molesta a los demás, y su estilo de estimulación suele ser mucho más obvio.

Como ya he dicho, la estimulación para las personas con autismo consiste en lo que otros considerarían un comporta-miento inusual. Esto puede incluir balancearse hacia adelante y hacia atrás, dar vueltas o agitar las manos, por nombrar sólo algunos.

He aquí otras formas en que los niños con TEA pueden estimular:

- chasqueando o moviendo
- los dedos saltando o rebotando
- andando de puntillas o paseando por la habitación
- tirándose del pelo
- rascarse, hurgarse o frotarse la piel
- parpadeo olfateo o carraspeo repetitivos
- reordenar u organizar objetos por tamaño, forma o color
- mirar las luces o los ventiladores en movimiento

Aunque puedan parecer inofensivas, hay otras formas de estimulación de los niños con TEA que pueden ser peligrosas para ellos mismos o para otras personas. Por ejemplo

- morder
- pellizcos o puñetazos golpes en la cabeza
- tragar objetos o juguetes no comestibles
- hurgarse las costras frotarse o rascarse la piel
- hasta lesionarse

Así que, ahora que ya conoces las muchas formas en que un niño puede estimular, vamos a averiguar por qué lo hace.

La razón de la estimulación

Ya hemos averiguado el cómo, ahora necesitamos saber la razón por la que los niños y adolescentes con TEA sienten la necesidad de estimular. Aunque es difícil averiguar la razón *por la que* su hijo siente la necesidad de estimular, es seguro decir que su comportamiento está siendo utilizado como un mecanismo de afrontamiento para una variedad de razones.

La estimulación puede utilizarse para tranquilizar al niño cuando necesita disminuir la sensación de sobrecarga sensorial. Imagínese lo siguiente: Usted y su hijo van a una fiesta de cumpleaños. Nada más cruzar la puerta, hay otros niños corriendo y gritando por la habitación, el aire huele a comida cocinada y la habitación está abarrotada. Mientras que usted puede sentirse un poco ansioso por todo el caos, su hijo puede sentirse sobreestimulado y empezar a estimularse.

Los niños con TEA también pueden estimular cuando se encuentran en un entorno nuevo, tienen problemas para expresar su frustración o intentan calmarse cuando se sienten ansiosos. Sin embargo, hay algunos casos en los que la estimulación se ha utilizado para aliviar el dolor o un síntoma de una afección médica, como la epilepsia o un trastorno convulsivo. Además, a veces se utiliza para llamar la atención.

Aunque la estimulación puede controlarse en cierta medida, en lo que respecta a la gravedad y a la búsqueda de otras formas de autorregulación, sólo debe intentar que el niño deje de estimularse si resulta peligroso. Es decir, a menos que esté estimulando de una manera que podría lastimarse a sí mismo o a otros, como patear, pellizcar, golpear la cabeza o morder, es mejor permitir que su hijo use este comportamiento si le está ayudando a regular sus emociones.

Nota: En el caso de los niños con TEA de nivel tres, aunque tienden a estimular como los otros dos niveles, son más propensos a autolesionarse. Aunque muchos niños del espectro pueden participar en conductas estimulantes peligrosas, es más probable que un niño de este nivel se muerda la piel, se arranque el pelo, se golpee la cabeza contra objetos duros y se trague objetos no comestibles y posiblemente dañinos.

También pueden comportarse de forma más agresiva, como dar patadas, puñetazos, morder, dar portazos, manchar las heces y otras formas que requieren una intervención inmediata. Los niños con TEA de nivel tres también son más propensos a deambular, lo que podría ponerlos en una situación muy peligrosa (Andreasen, 2022).

¿QUÉ ES ECHOLALIA?

Aunque la palabra parece intimidante de pronunciar, es una de las formas en que un niño con TEA puede estimular.

Sin embargo, la ecolalia también tiene otros fines. La ecolalia se define como "la repetición precisa o el eco en voz alta de palabras, sonidos u oraciones" (Bennie, 2022). Se sabe que los niños que practican este comportamiento repiten palabras que oyen, frases de sus vídeos o libros favoritos y, a veces, incluso escenas enteras de sus películas favoritas.

Lo que el niño repite depende del tipo de ecolalia. Si repite una palabra o una frase que acaba de oír, se denomina ecolalia inmediata. Si el enunciado no se repite hasta más tarde, se considera ecolalia retardada. Para los niños que tienen ecolalia retardada, a veces puede resultar confuso porque las palabras o frases utilizadas suelen estar sacadas de contexto o muy fuera de tema si están manteniendo una conversación con alguien.

La razón de la ecolalia

Como he mencionado anteriormente, la ecolalia se utiliza como forma de estimulación o autorregulación, pero también tiene otros fines. Una de las principales razones por las que los niños con autismo utilizan la ecolalia es porque aprenden el lenguaje de forma diferente a los que no padecen esta enfermedad. Según Maureen Bennie, del Autism Awareness Center (2022), los niños con TEA son incapaces de dividir las frases en partes más pequeñas, por lo que repiten lo que han oído en grandes trozos para comunicarse. Memo-

rizar frases o grandes estructuras de información porque les cuesta inventar sus propias palabras para expresarse.

Cuando utilizan la ecolalia de esta manera, se conoce como prefabricación.

Los niños ecolálicos utilizan esta práctica como una forma de hablar de sí mismos. Utilizan frases comunes que han oído decir a sus profesores, padres o hermanos para procesar algo difícil. Les ayuda a calmarse mientras se hablan a sí mismos a través del proceso.

Cualquiera que sea la razón, esencialmente, el uso de la ecolalia por un niño es el primer paso hacia la comunicación con los demás a través de la comunicación oral. Hay muchas maneras en que se puede utilizar con fines de comunicación, incluyendo (Lowry, 2016)

- **Para pedir cosas:** Los niños pueden repetir una pregunta habitual (como preguntar "¿Quieres leche?") cuando quieren ese objeto concreto.
- **Para iniciar una conversación o mantenerla:** Un niño puede repetir algo que ha oído decir a sus padres para iniciar una conversación ("¿Cómo va el trabajo?").
- **Para llamar tu atención sobre algo:** Un niño puede recitar algo que ha oído si quiere para llamar tu atención sobre algo pero no pueden comunicar lo que intentan decir. (Por ejemplo, si pasas por delante de un McDonald's y el niño dice el eslogan de los anuncios).

- **Para protestar por algo:** si un niño no quiere hacer algo o está irritado, puede repetir una frase habitual en lugar de decir que no quiere hacerlo. (Por ejemplo, si no quiere comerse el brócoli, puede decir: "No hay helado si no te comes las verduras").
- **Para decir que sí:** Un niño puede repetir la pregunta justo después de que se la hagas como forma de decir que sí. (Por ejemplo, puede repetir la pregunta "¿Quieres patatas fritas?" justo después de que se la hagas en lugar de decir que quiere).

A veces, la ecolalia puede resultar confusa, pero se puede ayudar a los niños ecolálicos a comunicarse de forma más eficaz modelando el lenguaje.

Cómo modelar el lenguaje para ecolálgicos

Hay muchas formas de ayudar a los niños que utilizan la ecolalia para que el contexto de la frase funcione mejor y tenga más sentido si se repite. Por ejemplo, en lugar de decir: "¿Estás listo para comer?", puedes decir: "Es hora de comer". Además, aunque sepa

Si su hijo es capaz de memorizar frases largas y complejas, puede modelar el lenguaje utilizando frases cortas y claras. Por ejemplo, en lugar de pronunciar el nombre de una receta larga y tendida, podrías decir simplemente: "Quiero pollo".

Otro consejo útil es evitar hacer preguntas si tu hijo aún no es capaz de responderlas. Si no entiende el concepto de pregunta de sí o no, es más útil utilizar afirmaciones. Si notas que tu hijo tiene dificultades con los pronombres (él, ella, ellos, etc.), intenta sustituirlos por nombres. Otro consejo útil para modelar el lenguaje es narrar lo que usted o su hijo están haciendo. Por ejemplo, puedes decir: "Cepillarme los dientes", "Lavarme el pelo" o "Llenar la bañera" mientras se dan un baño. Al mismo tiempo que les enseña enunciados sencillos, también les asocia una acción con la terminología correcta.

Ahora que sabemos cómo es la ecolalia, vamos a explorar algunos problemas sensoriales que pueden tener los niños con autismo y cómo ayudar a gestionarlos.

PROBLEMAS SENSORIALES: ¿CÓMO SON?

Los niños y adolescentes con trastorno del espectro autista pueden experimentar cualquier número y variedad de sensibilidades.

Estos problemas sensoriales pueden abarcar desde la temperatura, las grandes aglomeraciones y los ruidos fuertes o agudos hasta las luces brillantes, la textura de los alimentos y el tacto físico. Muchos niños intentan evitar estas sensibilidades si son hipersensibles, mientras que otros las buscan si son hiposensibles.

Como especie, los seres humanos utilizamos nuestros sentidos para obtener información sobre el mundo. Escuchamos lo que nos rodea, probamos la comida, olemos el aire, estamos atentos a los peligros y podemos sentir si algo está demasiado caliente o frío. Hacemos esto para mantenernos a salvo, pero para algunos niños con TEA, utilizar todos estos sentidos a la vez puede resultar abrumador. Se esfuerzan por asimilar todo lo que ocurre a su alrededor, lo que significa que sus sentidos asimilan demasiada o insuficiente información.

Curiosamente, algunos niños pueden ser a la vez hipersensibles e hiposensibles al mismo tipo de sentido. Por ejemplo, un niño con problemas sensoriales puede evitar los ruidos agudos porque es hipersensible, pero buscar los sonidos graves porque es hiposensible. Además, los niños neurotípicos (o niños que no tienen TEA) también pueden tener problemas sensoriales, pero tienden a superarlos; mientras que los problemas sensoriales tienden a durar más tiempo en los niños que tienen TEA, pero su sensibilidad puede mejorar con el tiempo.

Los problemas sensoriales provocan ansiedad o frustración en el niño y también pueden afectar a toda la familia. Por ejemplo, si un niño con problemas sensoriales es hipersensible a los ruidos fuertes, esto puede limitar el número de actividades que puede realizar la familia. Pero no hay por qué preocuparse, más adelante en este capítulo repasaremos algunas estrategias y consejos que puede poner en práctica para adaptarse a estos problemas sensoriales.

Tipos de problemas sensoriales

Tanto si su hijo es hipersensible como si es hipersensible, existe una gran variedad de sensibilidades sensoriales con las que puede tener que lidiar. Por supuesto, tenga en cuenta que cada niño, con o sin TEA, es diferente. El trastorno del espectro autista no se presenta igual en todos los niños que lo padecen, lo que significa que lo que molesta a una persona no molestará técnicamente a la siguiente. De hecho, puede que la otra persona busque esa sensibilidad sensorial.

He aquí las distintas sensibilidades sensoriales y cómo pueden buscarlas o evitarlas los dos tipos de niños con problemas sensoriales:

- **El tacto:** Un niño hipersensible puede sentirse muy incómodo si su camiseta tiene una etiqueta o está hecha de un determinado material. También puede tener problemas cuando se le toca físicamente, como cuando se le abraza o se le coge de la mano. Un niño hipersensible El niño puede frotarse la piel con ciertos materiales, encontrando placenteras las texturas contra sus brazos o piernas. También puede disfrutar del contacto físico, pero sólo si requiere cierta presión. Por ejemplo, puede que le gusten los abrazos apretados o acurrucarse con una manta con peso. **Sonido:** Un niño hipersensible puede volverse irritable o quejarse de que los sonidos agudos y fuertes le hacen daño en los oídos. Puede taparse los oídos hasta que el ruido disminuya. Por su parte, un niño hipersensible puede poner la música más alta o hablar más alto de lo normal. A veces, un niño puede buscar ambas cosas, pero sólo cuando tiene el control de la situación. Por ejemplo, puede odiar los ruidos fuertes pero disfrutar escuchando música alta cuando es él quien sube el volumen.

- **La vista:** Un niño hipersensible puede evitar los colores o las luces brillantes, y a menudo se siente muy incómodo con la luz solar directa o con el resplandor de la pantalla del televisor. Un niño hipersensible puede buscar colores brillantes, prefiriendo llevar ropa de colores brillantes o ver programas de televisión de colores vivos.
- **Olor:** Un niño hipersensible puede evitar los olores fuertes y quejarse de ciertos olores, como perfumes fuertes o desodorantes. En cambio, un niño hiposensible puede olerlo todo.
- **El sabor:** Mientras que un niño hipersensible puede evitar ciertos alimentos de sabor fuerte, como la cebolla, o ciertas texturas (como la carne roja o el beicon), la dieta de un niño hiposensible puede consistir sólo en alimentos que incluyan estos elementos.
- **La temperatura:** Un niño hipersensible puede evitar los alimentos a determinadas temperaturas, como el

chocolate caliente o el helado. También puede hacer elecciones de moda extrañas, como llevar una sudadera con capucha durante una ola de calor o querer llevar una camiseta de tirantes y pantalones cortos en pleno invierno. Las elecciones de moda de un hiposensible serán más apropiadas, pero puede que sólo prefiera comer alimentos muy calientes o muy fríos.

- **Tolerancia al dolor:** Cuando un niño hiposensible un niño hipersensible puede reaccionar de forma exagerada y exagerar el dolor que siente.

ESTRATEGIAS DE AYUDA PARA LOS PROBLEMAS SENSORIALES

Aunque no existe una solución instantánea cuando se trata de sensibilidades sensoriales, usted puede ayudar a su hijo a controlarlas y su reacción ante ellas. Aunque algunas de Aunque estos consejos parezcan mundanos o demasiado sencillos, nunca se sabe cómo pueden repercutir a mejor en el sustento y la calidad de vida de su hijo.

En el caso de los niños hipersensibles, se pueden intentar algunas adaptaciones:

- Si vas a un lugar donde sabes que puede haber ruidos fuertes, como un acontecimiento deportivo o unos fuegos artificiales, lleva unos auriculares con cancelación de ruido. Tu hijo podrá seguir disfrutando del partido o de las luces brillantes sin sentirse abrumado por los sonidos fuertes.

- Cree un lugar "tranquilo" en su casa al que su hijo pueda acudir cuando se sienta abrumado. Llénalo de sus objetos sensoriales favoritos, como mantas suaves, peluches y una radio para que pueda escuchar sus canciones favoritas. Hazlo suyo para que se sienta seguro cuando quiera estar solo.

- Visite lugares nuevos antes de los grandes acontecimientos, preferiblemente cuando el lugar sea tranquilo y haya menos gente. Permitir que se adapten al entorno puede ayudarles a no agobiarse cuando llegue el día del acontecimiento. Cuando compre ropa nueva, busque prendas que no incluyan etiquetas. Cada vez más marcas de ropa de camisas y pantalones con la etiqueta impresa en el interior, lo que te facilitará la compra de ropa.

- Si la dieta debido a la sensibilidad alimentaria es un problema, intenta tener a mano algunos de sus tentempiés favoritos cuando vayas a fiestas de cumpleaños o a restaurantes nuevos. También puede pedir a su hijo que consulte el menú por Internet, para que vea las distintas opciones de comida y decida qué le apetece comer antes de llegar al restaurante.

Para los niños hipersensibles, he aquí algunos consejos que les ayudarán con su afán sensorial:

- Si tu hijo busca más estímulos, intenta que pase más tiempo jugando con su profesor o saca tiempo para ir al parque después de clase. Con el mercado cada vez más amplio de diferentes tipos de juguetes inquietos, encuentre alguno con el que su hijo disfrute jugando. Por suerte, muchos de ellos incluyen diversas texturas, actividades y colores brillantes.

- Programa cada día momentos para escuchar música, bailar o saltar en la cama elástica. Si saben que hay un momento designado cada día para participar en estas actividades, podría frenar su comportamiento de búsqueda sensorial.

- Si ves que tu hijo tiende a ignorarte cuando hablas normalmente, intenta hablar más alto y en un tono exagerado cuando converses con él.

Buscar ayuda para las sensibilidades sensoriales

Si los problemas sensoriales de su hijo perturban su vida cotidiana o pueden ponerle en peligro (por ejemplo, si quiere tocar la estufa para estimularse), quizá sea el momento de buscar ayuda. Hay distintos profesionales médicos y terapéuticos que pueden ayudarle, dependiendo del tipo de sensibilidad de su hijo.

- Un dietista puede ayudarle si su hijo tiene sensibilidades alimentarias.

- Un optometrista puede orientarle sobre las sensibilidades visuales y comprobar si el problema es de visión.
- Un audiólogo u otorrinolaringólogo puede descartar problemas de oído o audición si su hijo le ignora.
- Si el comportamiento sensorial de su hijo le pone en situaciones peligrosas, también puede solicitar la ayuda de un psicólogo.

COMPORTAMIENTOS REPETITIVOS

Ya sea a través de la estimulación, la repetición de palabras y frases, o la búsqueda sensorial y la evitación, los comportamientos repetitivos tienden a ser una constante en los niños con TEA. Aunque algunos de estos comportamientos pueden ayudarles a tranquilizarse, permitiéndoles regular sus emociones para que no se sientan abrumados, otros pueden perturbar su vida cotidiana y causar más problemas en el futuro. Por ejemplo, si no se interviene con un niño que utiliza la ecolalia para comunicarse, su capacidad de comunicación y socialización puede verse afectada cuando crezca.

Aunque el tratamiento no puede detener estos comportamientos, puede ser capaz de encontrar la causa raíz de los mismos con el fin de encontrar estrategias para que al menos disminuyan en frecuencia o gravedad. Si utilizamos el ejemplo de la ecolalia, los niños que reciben terapia del habla pueden experimentar una disminución signifi- cativa o incluso la eliminación completa de su uso (Otsimo, 2018). Si bien hay algunas inter- venciones terapéuticas que pueden ayudar a interrumpir el uso de conductas repetitivas, también hay formas de hacerlo en casa.

Modelado de comportamientos

Piense en el modelado de comportamientos como una estrategia del tipo "el mono ve, el mono hace". Consiga que todos los miembros de la familia se unan a la iniciativa y modelen la forma en que cada uno de ustedes manifiesta su excitación, enfado, alegría y otras emociones diversas. De este modo, enseñarás a tu hijo distintas formas de expresarse.

Refuerzo diferencial

Cuando trabaje en una conducta de sustitución, utilice refuerzos positivos cuando observe que su hijo utiliza la nueva conducta. Puede ser un elogio, un juguete nuevo, una golosina especial o cualquier otra cosa que le anime a seguir utilizando esta nueva conducta.

Proporcione elementos visuales

Cree una señal, un horario o recordatorios que su hijo vea todos los días y que le ayuden a cambiar su comportamiento repetitivo por otras actividades. Esto no sólo le ayudará a frenar el impulso de seguir utilizando este comportamiento, sino que también le enseñará toda una serie de habilidades diferentes (flexibilidad, gestión del tiempo, socialización y habilidades de juego).

LA HISTORIA DE BEN'

Ben es un niño de 12 años con TEA de nivel uno. Aunque sus síntomas pueden parecer leves algunos días, sus conductas de estimulación y repetitivas le han traído problemas en el colegio últimamente. Su profesor ha enviado múltiples notas a casa debido a sus interrupciones en clase, muchas de ellas indicando que está extremadamente alterado después del recreo y a menudo chilla aleatoriamente mientras él y sus compañeros se supone que están leyendo tranquilamente.

Al principio, su profesora trató de ignorar el comportamiento de Ben, con la esperanza de que dejara de hacerlo cuando se diera cuenta de que no le hacían caso. También indicó al resto de la clase que hiciera lo mismo, pero el comportamiento de Ben no cesó. De hecho, se dio cuenta de que cuando hacía buen tiempo, la frecuencia de los chillidos se intensificaba.

Al final, los padres de Ben fueron convocados a una reunión para hablar de las acciones disruptivas de su hijo con la esperanza de idear un plan para ponerles fin. Se les ocurrieron varias estrategias, pero ninguna tuvo éxito. Sin saber qué hacer, la madre de Ben planteó el problema a su terapeuta ocupacional.

Para ello, el terapeuta habló del problema con Ben y en privado con el profesor del niño antes de encontrar una solución. El terapeuta ocupacional tenía la sensación de que la razón por la que Ben estaba La razón por la que chillaba después del recreo era que estaba muy sobreestimulado por correr con sus amigos. Luego, al llegar a clase, tenía que sentarse en silencio y leer en un aula abarrotada. Como sus emociones seguían exaltadas por la excitación de jugar fuera, la única forma que tenía de regularlas era chillar. La razón por la que su estimulación empeoraba en los días más agradables era que quería seguir fuera, jugando al sol, en lugar de verse obligado a sentarse en silencio y concentrarse.

Juntos, el profesor, los padres y el terapeuta ocupacional de Ben idearon un plan. Encontraron la manera de que Ben pasara más tiempo fuera, dándole 10 minutos más para que se calmara antes de empezar a leer. Al principio, Ben se mostró reacio al cambio, pero al cabo de una semana, su profesora notó una disminución significativa de sus chillidos perturbadores.

WRAP- UP

En este capítulo, aprendiste todo sobre la estimulación y por qué los niños con TEA lo hacen. Es una forma de regular sus emociones, evitar que se sientan abrumados o buscar estimulación a través de sus sentidos. También se explica cómo los niños utilizan la ecolalia para comunicarse cuando tienen dificultades para expresar sus deseos y necesidades con palabras. También se profundizó en la diferentes sensibilidades sensoriales y estrategias para ayudar a su hijo a manejarlas. Por último, pero no por ello menos importante, aprendiste estrategias sobre cómo detener los comportamientos repetitivos a través de conductas de modelado, intervención, refuerzo diferencial como medio para animar a tu hijo, y la importancia de proporcionar visuales.

En el próximo capítulo exploraremos qué significa el enmascaramiento para los niños con trastorno del espectro autista y si es saludable o no.

4

ENMASCARAMIENTO: ¿SANO O INSANO?

El Asperger no e s un síntoma, es una característica.

— ANÓNIMO

Piensa en un momento en que estabas enfadado y te llamaron de la consulta de un médico o de tu jefe.

Cuando contestaste, cambiaste el tono y les hablaste como si nada fuera mal en tu vida, ¿verdad? Si te ha ocurrido esto, es que has enmascarado antes.

De hecho, lo crea o no, todos los seres humanos nos enmascaramos. Lo hacemos como una forma de camuflar nuestro verdadero yo para encajar con quienes nos rodean. Sin embargo, para los niños con TEA, enmascararse se convierte en una forma de vida.

Lo hacen para no destacan entre sus compañeros y amigos. Como todo el mundo, quieren sentirse aceptados y no marginados. Por desgracia, al ocultar quiénes son realmente, los niños con TEA pueden verse sometidos a una presión desmesurada para adaptarse, lo que puede ser perjudicial para su salud y bienestar mental, emocional y general.

¿QUÉ ES EL AUTISMO ENMASCARAMIENTO?

Cuando una persona del espectro enmascara, esencialmente deja de realizar todas las conductas tranquilizadoras que cree que los demás podrían considerar extrañas, raras o anormales. Si recordamos el capítulo anterior, en el que hablábamos de la estimulación como forma de regular las emociones, entenderemos por qué el enmascaramiento puede resultar tan incómodo para las personas con TEA.

El enmascaramiento también incluye reflejar a quienes les rodean, como copiar los gestos, comportamientos, actitudes y estilos de comunicación no verbal de sus compañeros. Esencialmente, el acto de enmascarar implica cualquier cosa que un niño pueda hacer para ser visto como parte de la multitud en lugar de "diferente".

Aunque es comprensible que los niños autistas opten por enmascararse, esto no significa que este acto no tenga consecuencias.

Efectos del enmascaramiento

Siempre que fingimos ser alguien que no somos, sobre todo durante un largo periodo de tiempo, nuestra salud mental se resiente. Las personas con TEA no son diferentes. De hecho, los estudios han demostrado que las personas con autismo que prefieren enmascararse son más propensas a mostrar signos de depresión y ansiedad. El enmascaramiento también se ha relacionado con un aumento del suicidio entre las personas de la comunidad autista (Cassidy et al., 2018).

Tal vez se pregunte: *¿cómo es posible que la necesidad de un niño de encajar con sus compañeros le haga sentirse deprimido? Todo el mundo necesita amigos.* Pues bien, la respuesta es sencilla: Es agotador. Al obstaculizar los comportamientos y acciones que hacen que su hijo se sienta tranquilo, relajado y regulado emocionalmente, están consumiendo los recursos vitales que necesitan en otras áreas de su vida. Están quemando la energía que necesitan para poder concentrarse en la escuela y pasar el día sin sentirse agotados mental, emocional y físi-camente.

La tensión que sienten al ocultar quiénes son en realidad se convierte en una restricción que les impide encontrar su lugar en el mundo. Por no hablar de que, al reflejar a los demás y adaptar su comportamiento para integrarse en la multitud, su hijo puede meterse en problemas en el colegio o con usted.

Conocer los efectos del enmascaramiento está muy bien, pero ¿cómo saber si tu hijo lo hace cuando no está en casa? Antes de repasar los signos y síntomas del enmascaramiento, quiero recordarle que los signos, así como la gravedad, varían de una persona a otra. Los niños con TEA enmascararán de diferentes maneras, estos son sólo los signos más comunes de hacerlo.

- **Fingir o forzar el contacto visual durante una conversación:** Algunos niños se obligan a sí mismos a mantener el contacto visual hasta el punto de incomodar a la otra persona, mientras que otros pueden centrarse en la nariz o la frente de la persona, para que parezca que están manteniendo el contacto visual.

- **Imitar expresiones faciales y reflejar sonrisas:** Como a muchos niños autistas les cuesta entender las señales sociales, pueden imitar las expresiones faciales de la otra persona durante una conversación.

- **Ocultar intereses personales:** Si su hijo tiene un interés especial pero cree que sus compañeros podrían juzgarle por ello, puede ocultarlo o restarle importancia.

- **Crear un guión de respuestas aceptables a las preguntas:** Si observas que tu hijo practica lo que podría decir si alguien le hiciera una pregunta concreta o sólo tiene un número selecto de respuestas, puede ser señal de que está enmascarando.

- **Disimular sus conductas de estimulación o forzarse a superar sus sensibilidades sensoriales:** En este caso, tu hijo puede cambiar su conducta de estimulación por otra menos obvia. Por ejemplo, puede optar por dar golpecitos con el pie en lugar de girar o agitar las manos. Tu hijo también puede optar por pasar por alto sus problemas sensoriales para que los que le rodean no le consideren diferente o "demasiado sensible".

LAS ETAPAS DEL ENMASCARAMIENTO

Como ya he dicho, la forma en que alguien con autismo se enmascara varía de una persona a otra. Sin embargo, un estudio ha dividido el proceso de escenificación en tres categorías diferentes (Hull et al., 2017).

1. Motivación

Esta fase del enmascaramiento se produce cuando una persona con autismo tiene un motivo concreto para fingir que es neurotípica. Puede ser para hacer nuevos amigos, conseguir un trabajo o para no ser juzgado por los profesores. También es posible que su hijo quiera disimular para que no le acosen o para establecer una relación sentimental más adelante. Por supuesto, siempre existe la motivación de enmascararse para evitar ser estigmatizado por quienes le rodean.

2. Enmascaramiento

Esta fase consiste en el acto físico de enmascarar. Puede consistir en imitar los comportamientos y las señales sociales de los demás, observar cómo se comunican otras personas, investigar lo que la sociedad considera normal, controlar su propio lenguaje corporal y practicar sus expresiones faciales, o ajustar el tono y el volumen de su voz para que coincidan con los de su entorno.

Aunque este paso pueda sonar extraño o anormal a quienes no son autistas, recuerda que el objetivo del enmascaramiento es encajar. Al crear escenarios probables y practicar cómo abordar cada uno de ellos, tu hijo está intentando encontrar la mejor forma de parecer normal fuera de casa.

3. Consecuencias

Ya hemos hablado de los efectos del enmascaramiento, pero el daño que causa a la salud mental puede ser mucho más profundo de lo que se piensa. Junto con el riesgo de ansiedad, depresión y agotamiento, el enmascaramiento también puede provocar una pérdida de la propia identidad. Al fingir ser alguien que se considera "normal", los niños con TEA a menudo sienten que no saben quiénes son en realidad sin la máscara (Stanborough, 2021).

Otra consecuencia del enmascaramiento es el agotamiento autista. Esto ocurre cuando la presión de enmascarar sus síntomas, estímulos y comportamientos repetitivos llega a ser tan abrumadora que un niño con TEA se siente sobrecargado. La única forma de recuperarse de este tipo de agotamiento es retirarse durante un tiempo prolongado a un lugar tranquilo (Raymaker et al., 2020).

¿Quién tiene más probabilidades de enmascararse?

Tanto los niños como las niñas a los que se les ha diagnosticado un trastorno del espectro autista tienden a enmascarar sus síntomas. Sin embargo, los estudios han demostrado que las mujeres son mucho más propensas que los hombres a realizar conductas de enmascaramiento (Hull et al., 2019). La razón de por qué las chicas tienden a enmascarar más a menudo que los chicos aún no está clara; sin embargo, es puede tener que ver con su deseo de socializar con los demás y hacer amigos.

También se sabe que las niñas son capaces de enmascarar mejor que los niños y, por esta razón, recibir un diagnóstico real de TEA puede ser mucho más difícil de obtener. Los estudios han descubierto que la capacidad de enmascaramiento de las niñas explica por qué los niños tienen entre tres y cuatro veces más probabilidades de ser diagnosticados de autismo, aunque sus síntomas sean graves (Russo, 2018).

Además de un diagnóstico tardío, la capacidad de enmascaramiento de una mujer también tiene un coste. Además del agotamiento mental, el acto de alejar las sensibilidades sensoriales o negarse a estimular también podría disminuir su capacidad para concentrarse en la tarea que tienen delante. Su incapacidad para concentrarse podría resultar en un bajo rendimiento en la escuela, lo que se traduce en malas notas. La presión aumenta a medida que bajan las notas, lo que les causa más estrés y aumenta la probabilidad de que aparezcan síntomas de depresión.

ISABELL A' S STORY

Isabella es una niña normal de nueve años, pero hace dos le diagnosticaron un trastorno del espectro autista. Sus padres lucharon por encontrar la ayuda adecuada ara ella y la llevaron a cuatro especialistas distintos para que les dijeran que su hija estaba bien. Puede que sea un poco hiperactiva y muestra signos de problemas sensoriales, pero eso era todo. Un médico llegó a decirles que simplemente tenía ansiedad y desestimó todos los signos que sus padres les habían transmitido, llegando incluso a afirmar que Isabella no presentaba los síntomas que presentan la mayoría de los niños autistas.

Su viaje para conseguir que Isabella recibiera el apoyo y la ayuda que necesitaba empezó cuando tenía 18 meses, justo cuando dejó de socializar con los demás y de mostrar afecto hacia sus padres y hermanos. Aunque siempre había ido muy por delante de sus compañeros en cuanto a habilidades comunicativas, ya que era capaz de hablar con frases completas antes de cumplir un año, no era capaz de establecer contacto visual ni de comprender lo que los demás intentaban decirle. Se volvía demasiado agresiva cuando se enfadaba, y solía hacer daño a su hermana mayor y a su hermana pequeña cuando se enfadaban con ella. Isabella tiraba juguetes, rompía cosas y se agitaba en el suelo si había un pequeño cambio en su rutina diaria. Sin embargo, a sus padres les decían que se comportaba como una niña normal.

A medida que crecía, su capacidad para leer las señales sociales parecía fallar y su aversión a ciertos alimentos se acentuó. Isabella empezó a negarse a comer alimentos que antes le encantaban, a veces hasta el punto de vomitar debido a su textura. Su hipersensibilidad...

Se sentía tan excitada que se sobreestimulaba si un trozo de su propio pelo caía sobre su piel. Empezó a llevar sudaderas con capucha en plena ola de calor e intentó salir de casa con una camiseta de tirantes y pantalones cortos de baloncesto cuando había una ventisca. Tardaba 30 minutos en conseguir que el agua estuviera a la temperatura perfecta antes de bañarse y gritaba como una loca cada vez que sus padres le cepillaban el pelo. Pero, una vez más, a sus padres les decían que estaba bien.

Por fin, la madre de Isabella encontró un especialista dispuesto a escucharla mientras le hablaba de los síntomas de la niña. Aunque tardó seis meses en conseguirlo, ya que estaba en lista de espera, Isabella y sus padres recibieron por fin la confirmación que ya sabían que iba a llegar: tenía un TEA de nivel dos. Sin embargo, los padres de Isabella aprendieron una cosa durante su visita con el especialista: la capacidad de su hija para enmascarar sus síntomas ante el mundo exterior era la razón de los años de negativas médicas.

Con el diagnóstico adecuado en la mano, Isabella pudo obtener el apoyo en la escuela y a través de diversas terapias que necesitaba para poder prosperar.

LA IMPORTANCIA DE " DESENMASCARAR"

Como padres, lo único que queremos es que nuestros hijos sean felices. Ya sea porque tienen amigos, sacan buenas notas en el colegio o encuentran un trabajo que les gusta, queremos lo mejor para nuestros hijos. Sin embargo, para el niño con TEA, esto puede requerir que se desenmascare, y eso es algo en lo que mamá y papá no pueden ayudarle. Desenmascararse es una decisión que tu hijo debe tomar por sí mismo y que sólo puede hacer cuando esté preparado. Lo único que puedes hacer es animarle a que se esfuerce por dejar que brille su auténtico yo.

Para mostrar tu apoyo, puedes investigar. Busca historias de personas que decidieron que ya era suficiente y experimentaron una sensación de libertad pura cuando dejaron ondear su bandera autista. También puedes explicarle a tu hijo que, al desenmascararse, ya no tendrá que enfrentarse a la vergüenza de tener TEA ni a la abrumadora presión de ocultarlo. Podrá aceptarse tal y como es e incluso inspirar a otros que también lo oculten. Recuérdales que, aunque hacer y mantener amistades es importante para ellos, no merece la pena el agotamiento que experimentan, sobre todo cuando hay gente que les acepta por lo que son.

Si a tu hijo le cuesta quitarse la mascarilla, siempre puedes plantear la situación al terapeuta ocupacional de tu hijo para que trabaje en ello. También hay muchos grupos de apoyo que pueden darte algunos consejos para ayudar a tu hijo a quitarse la mascarilla.

CÓMO AYUDAR A SU HIJO A DEJAR DE ENMASCARARSE

Como ya se ha dicho, sólo su hijo puede tomar la decisión de cuándo y cómo desenmascararse. Sin embargo, eso no significa que usted no pueda ayudarle en el camino. Aquí tienes algunos consejos para ayudar a tu hijo a dejar de enmascararse y mostrar al mundo quién es realmente.

1. **Permítales ir a su ritmo: A** nadie le gusta que le metan prisa, y dejar de enmascararse no es diferente. Aunque puedes animar a tu hijo a que deje de enmascararse, tienes que estar dispuesto a permitirle que lo haga a su propio ritmo. Las prisas sólo añadirán más presión, y presionarles sólo hará que se sientan peor.

2. **Pide a tu hijo que piense quién es cuando está solo:** Hacerle esta pregunta le ayudará a darse cuenta de lo mucho más relajados que están en casa, en la

comodidad de su propia habitación. Pueden ponerse lo que quieran, estimularse si lo necesitan y no sienten la necesidad de actuar. Cuando se den cuenta de lo felices que sonlo son, esto podría animar a su hijo a plantearse desenmascararse.

3. **Anime a su hijo a pensar en los comportamientos que realiza para que los demás se sientan cómodos:** Todos hacemos cosas que no nos gustan para hacer felices a otras personas y, en el caso de los niños que enmascaran, este comportamiento puede hacerles sentir muy estresados. Por ejemplo, si se obligan a hacer contacto visual para que otras personas se sientan cómodas, su desagrado por esta acción puede hacer que se sientan aún más presionados. Recuérdale a tu hijo que, aunque algunos de estos comportamientos son por respeto, no debe forzarse a hacerlo si le incomoda.

4. **Anime a su hijo a reavivar su** interés **especial, independientemente de cómo se sientan sus amigos al** respecto: Los niños pueden ser mezquinos, y si su hijo siente que su interés especial será juzgado o le convertirá en un marginado, es posible que pierda por completo el interés en el tema por miedo. Recuérdele que, independientemente de cómo vean los demás su afición o interés especial, eso es lo que le hace único. Pueden disfrutar de estas cosas, aunque alguien las considere "raras" o "anormales". Quién sabe, puede que incluso

encontrar un grupo de amigos que compartan un interés similar.

WRAP- UP

Como ves, el enmascaramiento tiene algunas ventajas. Puede ayudar al niño a hacer amigos y a desarrollar sus habilidades de comunicación y socialización. Sin embargo, también conlleva una larga lista de consecuencias. Desde la pérdida de la capacidad de regular sus emociones hasta la depresión grave, el enmascaramiento tiene toda una serie de efectos negativos que nadie quiere que su hijo sufra. En este capítulo también ha aprendido la importancia de desenmascarar y cómo puede ayudar a su hijo a dejar de enmascarar su enfermedad.

En el próximo capítulo, obtendrá más información sobre la importancia del contacto visual para los niños con autismo.

5

CONTACTO VISUAL FORZADO O NO

Autismo, ver el mundo desde otro ángulo.

— ANÓNIMO

C uando éramos niños, lo primero que nos enseñaban cuando se trataba de comunicarnos eficazmente con

a los demás era que debíamos mantener el contacto visual. Nos dijeron que era una forma de mostrar respeto y de hacer saber a la otra persona que estábamos prestando atención. Sin embargo, para un niño con TEA, el contacto visual es una de las muchas tareas con las que tiene dificultades.

En este capítulo profundizaremos en uno de los signos distintivos del trastorno del espectro autista: la falta de contacto visual.

LA DIFERENCIA DEL CONTACTO VISUAL EN ASD

La capacidad de establecer contacto visual es algo que los seres humanos aprenden a una edad temprana. Sin embargo, a una edad muy temprana, los niños con autismo empiezan a mostrar signos de que son incapaces de hacerlo. La razón de que esto ocurra es objeto de debate y los científicos se preguntan si los niños con TEA no mantienen el contacto visual con los demás porque no les interesa lo que dice la otra persona, o si hay alguna razón científica detrás de ello.

Esta pregunta ha dado lugar a muchas investigaciones, y los estudios han descubierto que no es la falta de interés o de preocupación por la otra persona lo que hace que los niños con TEA eviten el contacto visual (Otsimo, 2020). En cambio, es la sensación de estrés o incomodidad lo que hace que los niños neurodivergentes tengan dificultades con este concepto.

Los estudios han revelado que los niños que evitan el contacto visual afirman que les resulta antinatural y que el estrés que les provoca les dificulta expresar sus pensamientos o sentimientos (Otsimo, 2020). Esta información dio lugar a otras preguntas, como ¿qué ocurre en el cerebro que hace que los autistas sientan tanta ansiedad? ¿Será la sensación de incomodidad lo que lleva a los niños a evitar esta práctica, o se debe a un retraso social?

Para profundizar en este tema, los investigadores cartografiaron el cerebro y descubrieron que el subcortical se activaba de forma inusual en los niños con trastorno del espectro autista. Esta parte del cerebro es la responsable de la capacidad de establecer y mantener el contacto visual y es la razón por la que los bebés se sienten atraídos por las caras, especialmente por las caras de las personas que conocen. También es responsable de la capacidad de leer expresiones faciales y señales no verbales (Otsimo, 2020).

Durante este estudio, los investigadores hicieron que niños con y sin TEA miraran diversas fotos. Algunas de las fotos incluían caras completas, mientras que otras sólo mostraban los ojos. Cuando los niños con TEA pudieron ver la foto de la cara completa, su reacción fue la misma que la de los niños sin el trastorno. Sin embargo, cuando la foto se limitaba a mostrar sólo los ojos, el sistema subcortical se sobreactivaba debido a la incomodidad que sentían los niños. Esto llevó a los investigadores a concluir que la incomodidad y el estrés que sienten los niños con autismo al establecer contacto visual se debe a la excesiva activación de esta parte del cerebro (Otsimo, 2020).

Curiosamente, hay un estudio que detectó signos de autismo en bebés de tan sólo dos meses por su incapacidad para establecer contacto visual. El estudio también descubrió que, mientras que los niños neurotípicos se interesan más a medida que crecen, el interés de un niño con autismo signifi-

disminuye entre los dos y los seis meses de edad (Jones y Klin, 2013).

Más razones por las que un niño puede evitar el contacto visual

Además de las razones neurológicas por las que un niño puede tener dificultades para establecer o mantener el contacto visual, también existen otras posibles razones:

- Su motivación social puede ser menor que la de otros niños.
- Puede que no entiendan que es más fácil comunicarse con los demás mirándoles a los ojos que a la nariz o la boca.
- El niño puede tener dificultades para comprender lo que dice la persona y, al mismo tiempo, mirarla a los ojos.
- Al niño le resulta muy intenso el acto de establecer contacto visual, lo que le provoca una sobrecarga sensorial debido a la incomodidad.

Éstas son algunas de las razones por las que los niños y adultos con TEA evitan el contacto visual, pero ¿qué ocurre con los bebés y los niños pequeños? Les resultaría difícil comunicar por qué no miran a los ojos, sobre todo si no hablan. Ahí es donde entran en juego las teorías con base científica.

Teoría de la aversión a la mirada

Esta teoría se basa esencialmente en los estudios que has leído más arriba. El acto de establecer contacto visual crea una activación anormal en el cerebro, lo que provoca una sensación de angustia en el niño. Estos niveles aumentan aún más cuando se obliga al niño a establecer contacto visual (Hadjikhani et al., 2017). Sin embargo, hay estudios que discrepan de estas conclusiones y proponen una teoría alternativa.

Teoría de la indiferencia de la mirada

Contrariamente a la teoría de la aversión a la mirada, la teoría de la indiferencia a la mirada afirma que una parte del cerebro, el "sistema social", está poco activa cuando se trata de establecer contacto visual. En esencia, esta teoría indica que el niño con TEA no considera que el contacto visual sea lo suficientemente atractivo como para mantener su interés. La investigación en la que se basa esta teoría son estudios centrados en la observación de niños a medida que envejecen y en cómo se ponen ansiosos al establecer contacto visual, en lugar de su impulso natural de evitarlo (Moriuchi et al., 2017).

Independientemente de la teoría que elijas creer, creo que es más importante centrarse en el niño que en la razón que hay detrás. Tienes que centrarte en las razones específicas de tu hijo para evitar el contacto visual. y animarles a hacerlo de forma natural y tranquilizadora. Averigüemos cómo hacerlo.

ENSEÑAR EL CONTACTO VISUAL DE FORMA NATURAL

Por desgracia, el hecho de que los padres reconozcan y acepten que su hijo tiene una aversión natural a mantener el contacto visual hace que la sociedad lo considere necesario para comunicarse eficazmente. Sin embargo, forzar a un niño a mantener el contacto visual no es el camino. De hecho, puede hacer que tengan menos ganas de hacerlo. En su lugar, aquí tiene algunas formas de animar, ayudar y enseñar a su hijo a mantener el contacto visual de forma natural.

- **Animar al niño explicándole lo que se espera de él.**

Si tu hijo es lo bastante mayor para entenderlo, puedes explicarle por qué la sociedad concede tanta importancia al contacto visual. Puedes explicarle que su profesor espera que mantenga el contacto visual para saber que tu hijo está prestando atención a la clase y comprende lo que está pasando. También puedes explicarles que sus amigos sabrán que tu hijo presta atención y se interesa por lo que dicen si mantienen el contacto visual.

• Darles un impulso de confianza

Si sabes que a tu hijo le cuesta mucho establecer contacto visual, siempre puedes darle una inyección de confianza cuando recurra a esta práctica. Cuando notes que te mira a los ojos en vez de a la nariz o a la boca, elógiale por ello. No hay que exagerar, basta con sonreírle y decirle que te gusta que te mire a los ojos mientras le hablas.

• Hable con su hijo sobre su tema favorito

Mantener una conversación interesante con su hijo sobre su tema favorito o sus intereses personales puede reforzar el contacto visual de forma natural. La mera emoción de tener un espacio abierto para hablar de su tema favorito puede darles la capacidad de establecer al menos un contacto visual ocasional. Lo harán para asegurarse de que estás escuchando lo que tienen que decir, aunque sólo dure unos segundos.

• Modelar el contacto visual

Una vez más, esto es otra cosa del tipo "mono ve, mono hace". Cuando su hijo le vea mirar a los ojos contacto mientras conversas con los demás, ellos podrían animarse a hacer lo mismo. Recuerda que esto también puede jugar en tu contra. Si te ven evitar el contacto visual o jugar con el teléfono en lugar de mirar a los ojos, puede que ellos hagan lo mismo.

- **Moldear el comportamiento**

Para fomentar el contacto visual, también puedes ayudar a tu hijo a expresar su interés por la conversación de otras maneras. Puede enseñarle a utilizar su lenguaje corporal como forma de expresarlo, por ejemplo, no cruzando los brazos y mirando a la persona que habla. Así, aunque el contacto visual sea breve y ocasional, la otra persona sabrá al menos que está escuchando.

- **Haz que el niño se sienta cómodo contigo primero**

Antes de empezar a practicar cualquier estrategia con otras personas, asegúrate de que tu hijo se siente cómodo estableciendo y manteniendo el contacto visual contigo. Como padres, nuestros hijos se sienten más cómodos con nosotros y con sus hermanos dentro de su propia casa. Por eso, antes de hablar de establecer contacto visual con otras personas ajenas a la familia, asegúrate de que se sienten cómodos practicando contigo.

- **Haga una pausa para fomentar el contacto visual**

Cuando practique el contacto visual natural, puede hacer una pausa cuando su hijo mire hacia otro lado. Por ejemplo, si está hablando con él sobre lo que ha aprendido en el colegio y empieza a mirarse los zapatos, haga una breve pausa y no siga hablando hasta que le mire. Puede que tarde algún tiempo en entender lo que está haciendo, pero con el tiempo le resultará más natural.

WRAP- UP

En este capítulo se explica por qué los niños con trastornos del espectro autista tienen dificultades para establecer y mantener el contacto visual. También ha leído algunos de los estudios en los que se basan las distintas teorías y algunos consejos sobre cómo puede animar a su hijo a mantener el contacto visual de forma natural.

En el próximo capítulo, aprenderá la importancia de las rutinas y cómo incorporarlas a la vida diaria de su hijo.

NO ESTÁS SOLO

"Leemos para saber que no estamos solos".

— C. S. LEWIS

Cuando estás rodeado de otros padres que no parecen enfrentarse a las mismas dificultades que tú, es fácil sentirse aislado y solo. Pero la Organización Mundial de la Salud calcula que 1 de cada 100 niños tiene autismo: hay otros padres que están pasando por lo mismo que tú.

Tal vez incluso conozca a algunos de ellos. Tal vez os veáis de vez en cuando en la puerta del colegio, o quizá os hayáis conocido en un grupo de apoyo. Si es así, ya sabrás la diferencia que supone hablar con alguien que te entiende y poder compartir ideas y recursos. Todo es más fácil con el apoyo adecuado, y por eso he escrito este libro.

En este punto de nuestro viaje, me gustaría dedicar un momento a pedirte ayuda para hacer llegar ese apoyo a más gente. Sé que ya tienes muchas cosas entre manos, y te prometo que no hace falta que hagas mucho. Todo lo que me gustaría que hicieras es dejar una reseña.

Si dejas una reseña de este libro en Amazon, demostrarás a otros padres que hay esperanza y apoyo. y les indicarás

la dirección de la orientación que les ayudará en su camino como padres.

Simplemente contando a los nuevos lectores cómo te ha ayudado este libro y lo que pueden esperar encontrar en su interior, no sólo les guiarás hacia la información que buscan, sino que les recordarás que no están solos y que hay otras familias en el mismo barco... y ese pequeño recordatorio puede suponer un mundo de diferencia.

Gracias por su apoyo. Ser padre de un niño con autismo puede resultar a veces abrumador y aislante; quiero hacer todo lo que esté en mi mano para ayudar.

6

RUTINAS Y EL IMPORTANCIA DE LA REGULARIDAD

Si has conocido a un niño con autismo, has conocido a un niño con autismo. Todos y cada uno de ellos son maravillosamente diferentes. -

— ANÓNIMO

Tómate un segundo para pensar en las muchas cosas que haces desde que te levantas hasta que te vas.

para dormir por la noche. Seguro que todas las mañanas te despiertas con el despertador a la misma hora, te duchas, te preparas para ir a trabajar, levantas a los niños para ir al colegio, etcétera. Te encanta este horario diario, conocido como rutina. Piensa ahora en cómo te puede parecer que tu día no va bien si algo te lleva más tiempo de lo habitual o si te olvidas de hacer algo. Puede que te enfades o que apresurado, posiblemente incluso sientas que toda tu mañana está arruinada.

Pues eso es lo que siente también un niño con TEA. Excepto que, cuando su rutina se ve alterada, parece que se arruina todo el día en lugar de sólo unas horas. Los niños con trastorno del espectro autista no sólo prosperan con la rutina, sino que también basan en ella su capacidad para funcionar. En este capítulo, exploraremos la importancia de las rutinas y cómo pueden afectar a un niño con TEA si no tienen una.

LOS BENEFICIOS DE LA RUTINA

Como aprendió en el Capítulo 3, los niños autistas tienden a preferir los comportamientos repetitivos. Se sienten cómodos haciendo lo mismo una y otra vez, y su rutina diaria no es diferente. Su día suele ir mejor cuando saben qué, cuándo y cómo van a hacer las cosas.

Una rutina regular beneficia al niño de las siguientes maneras:

- **Crea una conexión más fuerte entre padres e hijos:** Cuando el día de un niño está estructurado, es más receptivo a conectar con los demás, especialmente con sus cuidadores, cuando se encuentran en un entorno social.

- **Les hace sentirse más seguros y protegidos en su entorno:** Para establecer cierto orden en casa, un niño con TEA necesita una rutina para sentirse seguro. Esto les permitirá sentirse cómodos, sobre todo cuando intenten aprender nuevas habilidades.

- **Reduce el estrés, las luchas de poder y la frecuencia de las crisis:** Cuando un niño con autismo sabe lo que va a pasar, se siente menos inclinado a luchar por el control. Esto disminuirá la probabilidad de crisis debido a la reducción del estrés.

- **Mejora la cooperación a lo largo del día, especialmente a la hora de pasar de una tarea a otra:** Un niño que se siente seguro en su entorno estará más motivado para aprender nuevas habilidades, lo que aumentará su disposición a cumplir.

- **Les permite sentir que tienen cierto control sobre su día:** Cuando un niño siente que tiene algo que decir sobre lo que ocurre durante el día y no se ve constantemente inmerso en situaciones para las que no está preparado, recibe una sensación de satisfacción y se siente menos abrumado.

Cuando se trata de por qué la rutina es tan increíblemente importante para un niño con TEA, creo que Patricia Howlin (1996) lo explica mejor en su libro de 1996, *Obsessional and Ritualistic Behaviors*, cuando dice:

Para un autista, la realidad es una masa confusa e interactiva de acontecimientos, personas, lugares, sonidos y vistas... Establecer rutinas, horarios, rutas concretas y rituales ayuda a poner orden en una vida insoportablemente caótica. Intentar que todo siga igual reduce parte del terrible miedo.

Razones por las que la coherencia es clave

A veces, el mundo puede parecer caótico y patas arriba, especialmente para los niños con autismo. La vida puede cambiar de un momento a otro, pero los cambios repentinos no sientan bien a los niños con TEA. Los niños autistas anhelan la estructura como medio para aliviar el estrés. Piensa en lo feliz que te sientes cuando todo el día sale según lo previsto. Llegaste al trabajo a tiempo, no quemaste la cena y terminaste todas tus tareas laborales antes de la fecha límite. Al final de la noche, probablemente te sientes realizado y relajado. Pues así es como se siente un niño con TEA cuando tiene un horario coherente.

Por no hablar de que experimentar nuevos lugares ruidosos, abarrotados o llenos de gente extraña puede sobreestimular a un niño con TEA. Sin embargo, saber qué les deparará el día en casa les permite sentirse seguros y protegidos.

en casa. Pueden relajarse mientras realizan sus aficiones típicas, comen y juegan. Fomentar la previsibilidad es la mejor manera de conseguirlo.

Además, cuando tu hijo se siente seguro en su entorno, esto le abre las puertas al aprendizaje de nuevas habilidades o al fortalecimiento de las que ya tiene establecidas. Como ya sabrás, es difícil aprender cosas nuevas cuando se tiene ansiedad, por lo que sentirse seguro en casa es sumamente importante para progresar. Como has aprendido antes, los niños con TEA tienen probabilidades de sufrir trastornos de ansiedad y depresión, por lo que eliminar cualquier incertidumbre de su día habitual es, sin duda, una forma de disminuir el estrés adicional. ¿Y quién no quiere que su hijo esté lo menos estresado posible?

CREAR Y MANTENER UNA RUTINA

Muy bien, ahora que hemos repasado la importancia de la constancia con un niño que padece un trastorno del espectro autista, vamos a repasar algunos consejos sobre cómo crear y mantener una rutina. Si en este momento no tiene una rutina estructurada, este es el mejor momento para crearla. Créame, su hijo se lo agradecerá.

Identificar y enumerar cada tarea

Tómate un momento y piensa en todas las tareas que tu hijo realiza cada día. Desde el momento en que se levanta hasta que se acuesta, anota cada tarea por orden. A continuación, escribe la hora a la que suele realizarlas. Para que te hagas una idea, aquí tienes un ejemplo:

Task	Time
Wake up	8 a.m.
Eat breakfast	8:15 a.m.
Get dressed and brush teeth	8:45 a.m.
Leave for school	9:00 a.m.
Get home from school	3:30 p.m.
After school snack	4:00 p.m.
Do homework	4:15 p.m.
Eat dinner	5:00 p.m.
Watch TV/Family time	6:00 p.m.
Take a bath/shower	7:00 p.m.
Brush teeth	7:30 p.m.
Read a bedtime story	7:45 p.m.
Go to sleep	8:00 p.m.

Por supuesto, tu horario no tiene por qué ser tan rígido como éste. Esto sólo es un ejemplo de cómo puedes establecer una rutina estructurada.

Crear un horario visible

Tanto si decides imprimir tu horario y colgarlo en la nevera como si diseñas uno en una cartulina con colores vivos y mucha purpurina, es bueno tenerlo escrito donde todos puedan verlo. Además, así ayudarás a tu hijo a aprender a gestionar el tiempo. Sabrá lo que tiene que hacer y cuándo, lo que dará a su día una sensación de previsibilidad y le permitirá saber qué va a pasar y a qué hora.

Nota: Si a tu hijo le gusta usar una tableta o un teléfono, puedes descargar una aplicación de horarios para niños que incluya alarmas y temporizadores personalizables. O, si a tu hijo le gusta marcar los puntos que ha completado, puedes imprimir varias copias para que tenga un horario nuevo cada día o plastificarlo para poder borrar las marcas.

Utilice el horario para establecer su rutina

Sobre todo al principio, un horario nuevo puede resultar un poco difícil. Sin embargo, recuerde que a su hijo le encantan los días repetitivos. Si te topas con un obstáculo, echa un vistazo a tu ayuda visual estructurada y vuelve al buen camino. Si es tu hijo el que tiene dificultades, siempre puedes plantearte poner alarmas para cada tarea y elogiarles o darles una recompensa cuando cumplan el horario.

Sea coherente

Como padre, sé que la vida a veces te da un revés. Los acontecimientos surgen y tienden a alterar toda la rutina, provocando crisis de quinta fase a diestro y siniestro. Pero no dejes que ese día te haga tirar el horario por la ventana. Sé coherente con él todos los días, siguiendo las tareas en orden y a la misma hora todos los días. Así, cuando cambie la rutina durante un solo día, no se desviará completamente de su curso porque sabe que después podrá volver a su día normal. Si es tu hijo el que tiene problemas con la constancia, dale tiempo para que se adapte. Sin embargo, si lo que no funciona es el horario, siempre puedes ajustarlo también para asegurarte de que funciona para él.

Nota: Para los niños diagnosticados con TEA de nivel tres, tener un horario estructurado no sólo les da una sensación de seguridad, sino que también ayuda a disminuir la sensación de sobreestimulación. La mejor manera de minimizar los problemas de crisis y ansiedad es proporcionarles una rutina estricta, un entorno tranquilo y silencioso, mantener las luces bajas y darles una dieta equilibrada.

GESTIÓN DE LOS CAMBIOS EN LA RUTINA

Los cambios asustan a todo el mundo, pero aún más a un niño o adolescente con TEA. Sin embargo, hay muchas formas de ayudarles y apoyarles en estos cambios. Lo primero que tienes que hacer es ser proactivo cuando vaya a haber un cambio en la rutina diaria. Averigüe toda la información posible sobre lo que va a ocurrir, porque su hijo querrá saber quién, dónde, qué, cuándo y por qué. Lo mejor que puedes hacer por tu hijo es investigar un poco para tener preparadas las respuestas. Una vez que sepa lo que va a ocurrir, puede preparar a su hijo con los siguientes pasos:

- **Describa el cambio**

Cuando surja un cambio y hayas hecho todos los deberes, es el momento de informar a tu hijo. Dales todos los detalles que puedas, manteniéndolos adaptados a su edad, por supuesto. Después, añádelo a tu agenda diaria, para que puedan prepararse para el día. No olvide ser claro y conciso al comunicarle el cambio de planes y limitar sus expresiones faciales. De este modo, podrán centrarse en lo que dices y no en las señales sociales que muestras.

- **Utilizar ayudas visuales**

Anticipe el cambio. Puedes hacer la cuenta atrás de una forma interesante, como permitirles que saquen un número de la pared cada mañana. En lugar de inquietarles por el cambio, el hecho de que puedan ver los números en persona y ayudarles en la cuenta atrás hasta ese día les hará estar más entusiasmados.

Si tu hijo va a visitar un lugar nuevo o va a empezar una actividad nueva, puedes enseñarle fotos de otros niños participando y divirtiéndose. O puedes crear un sencillo collage de lo que va a ocurrir para que no se sienta nervioso o reacio. Por ejemplo, si os vais de vacaciones en familia, puedes imprimir un itinerario claro con fotos al lado de cada cosa, para que tu hijo sepa lo que le espera.

- **Introducir en el círculo a las personas adecuadas**

Si su familia se muda, lo que significa que su hijo tendrá que empezar un nuevo colegio, este cambio puede ser muy perturbador para su rutina normal. Sin embargo, puedes ayudarle y apoyarle en este cambio implicando a las personas adecuadas. Reúnete con el nuevo profesor, el director y el director de educación especial, si es necesario. Infórmeles de todo lo que le ocurre a su hijo.

para que el personal del centro pueda encontrar formas de ayudarles a adaptarse al nuevo entorno.

- **Facilitar la transición entre tareas**

Como ya sabrás, un niño con TEA puede tener dificultades a la hora de pasar de una tarea a otra. Sin embargo, que le cueste hacerlo no significa que no pueda hacérselo más fácil. Utilizando el horario como ayuda visual, empleando temporizadores y reduciendo los tiempos de espera entre actividades, puedes ayudar a tu hijo a sentirse menos ansioso. También sabrá lo que va a pasar cuando termine una actividad, sin tener que preocuparse por sorpresas inoportunas.

Si notas que tu hijo sigue mostrándose reacio a pasar a otra tarea o está demasiado ansioso cuando espera a que empiece la siguiente, puedes crearle una caja de actividades de transición. Incluye pequeñas actividades como puzzles, páginas para colorear o juguetes que mantengan su atención. Si estableces una hora fija para el uso de esta caja, conseguirás que su horario sea un poco más estructurado y podrá relajarse.

- **Permita que su hijo haga preguntas**

Los niños son famosos por preguntar por qué ocurre algo, pero en el caso de los niños con TEA, lo que preguntan es más por comodidad que por curiosidad. Si estás dispuesto a responder a sus preguntas, les aseguras que todo irá bien. Esto les ayudará a aliviar su ansiedad y les hará sentirse mejor ante cualquier duda que tengan sobre el cambio.

LA HISTORIA DE MADISON

A Madison le diagnosticaron recientemente un TEA y, hasta ahora, las cosas en su casa han ido mucho mejor que antes. Durante los últimos 10 años de su vida, la estructura diaria de su familia era, como mínimo, caótica. Al ser la mayor de cinco hermanos, se había acostumbrado a los gritos de sus hermanos pequeños mientras corrían por la casa. Sin embargo, que se hubiera acostumbrado no significaba que se sintiera menos ansiosa.

Para empeorar las cosas, su padre trabajaba en turnos extraños, a menudo de noche dos días a la semana, seguidos de dos turnos de día y luego tres días libres. Nunca sabía si estaría en casa o tendría que trabajar, lo que dejaba a su madre sola al cuidado de los cinco hijos. Madison se escondía a menudo en su habitación cuando todo era demasiado, intentando por todos los medios no sufrir una crisis debido a todos los ruidos, luces y movimiento que se producían bajo el mismo techo.

Entonces, un día, todo cambió. Tras varias sesiones con un psicólogo infantil, Madison recibió un diagnóstico de autismo. Su madre también recibió consejos sobre cómo ayudar a Madison a sentirse menos estresada, ansiosa y nerviosa todo el tiempo, siendo el primer paso la creación y aplicación de una rutina estructurada. Aunque no sabía si realmente le ayudaría, Madison se sentó con su madre y le ayudó a diseñar una bonita cartulina decorada con su rutina diaria.

Al cabo de un par de semanas, Madison notó una disminución de su ansiedad. Sin embargo, no le pareció suficiente y se le ocurrió una idea. Después de comentar su idea con sus padres, fueron corriendo a la tienda y compraron una cartulina de distinto color para cada miembro de la familia. En cada cartulina diseñaron un horario individual y las colgaron en la pared junto a la suya.

Costó un poco acostumbrarse, pero al cabo de un mes de seguir sistemáticamente su rutina diaria, la vida en casa de Madison transcurría con mucha más fluidez. Todos parecían disfrutar de la sensación de previsibilidad durante el día, y los sentimientos de agobio de Madison disminuyeron significativamente.

WRAP- UP

En este capítulo ha aprendido por qué la rutina y la constancia son tan importantes para un niño con trastorno del espectro autista. Aunque tienen un comportamiento repetitivo innato, los niños del espectro autista necesitan saber qué está pasando, qué va a ocurrir a continuación y poder predecir cómo les va a ir el resto del día. Necesitan una estructura para no sentirse agobiados y frustrados. También has aprendido cómo ayuda la rutina a los niños autistas, desde establecer una mayor conexión contigo hasta sentir que controlan su día. Y lo que es más importante, aprendiste algunos consejos útiles sobre cómo crear y mantener un horario y cómo prepararse para un cambio de rutina.

En el próximo capítulo, aprenderás todo sobre cómo apoyar las habilidades comunicativas de tu hijo y cómo comunicarte con él de forma eficaz.

7

HABILIDADES DE COMUNICACIÓN DE APOYO

El autismo forma parte de la humanidad tanto como la capacidad de soñar.

— KATHLEEN SEIDEL

Os seres humanos se comunican entre sí de diferentes maneras, desde mantener una conversación hasta lenguaje corporal y expresiones faciales. Sin embargo, para los autistas la comunicación puede ser un obstáculo. Les cuesta expresarse, iniciar y mantener una conversación y mantener relaciones. Aunque muchos padres se preocupan por cómo podrá salir adelante su hijo debido a este déficit, no se han perdido todas las esperanzas. Tanto si su hijo es no verbal como simplemente carece de interés por comunicarse con los demás, hay formas de ayudarle.

DIFERENTES MÉTODOS DE COMUNICACIÓN

Tener un hijo autista puede ser un reto, pero tener un hijo que, además, no habla es todo un desafío. Por ejemplo, piense en todas las veces que le dice a su cónyuge o a un compañero de trabajo que tiene hambre, está cansado o molesto. Ahora, imagina sentir esas mismas emociones sin poder expresarlas verbalmente. Está claro que usted quiere decir lo que siente en voz alta, pero es incapaz de hacerlo. Sin embargo, su incapacidad para expresar sus pensamientos, sentimientos y necesidades no les impide comunicarse del todo. Esto es válido para todos los niños autistas, no sólo para los no verbales. A continuación, desglosaremos las diferencias entre las formas de comunicarse de los niños verbales y no verbales.

Comunicación no verbal

Aunque los niños no verbales son deficientes en lo que se refiere a habilidades lingüísticas, tienen sus propias formas de comunicarse con quienes les rodean. Algunas formas de expresar sus deseos, necesidades y sentimientos son

- **Gestos:** Pueden incluir señalar, aplaudir, levantar o bajar el pulgar o parpadear.

- **Dibujos o señalar fotos:** Si uno de los padres pone una tabla con fotos de cosas como bebidas, comidas, actividades o momentos de juego, un niño no verbal puede señalar lo que quiere.
- **Sonidos:** Esto puede incluir gritos, gruñidos y lloriqueos cuando están enfadados o chillidos cuando están contentos y excitados.
- **Dirigir a otros de la mano:** Un niño no verbal puede coger de la mano a sus padres o cuidadores y dirigirles hacia lo que quiere.
- **Tacto:** Un niño no verbal puede mostrar afecto tocando la cara de alguien o cogiéndole la mano.
- **Lenguaje de signos:** Un niño no verbal puede utilizar signos, a menudo denominados Makaton (o sistema lingüístico formado por signos y señales), para expresar lo que quiere. Suele ser una de las primeras técnicas que aprenden cuando empiezan la logopedia.

Comunicación verbal

Muchos niños autistas, aunque no todos, tienen dificultades para comunicarse verbalmente. Tanto si les cuesta expresar sus emociones como si simplemente quieren decirle a alguien lo que quieren, el trastorno del espectro autista suele ir acompañado de barreras lingüísticas. Aquí es donde entra en juego la ecolalia o afasia (una afección en la que las habilidades lingüísticas del niño no progresan al ritmo adecuado para su edad).

Como ya hablamos de la ecolalia en el Capítulo 3, voy a hacer un breve repaso. La ecolalia es una forma en que los niños se comunican repitiendo palabras y frases y, a veces, incluso memorizando largas escenas de televisión o películas para utilizarlas más tarde. Pueden regurgitar estas palabras o frases para responder a preguntas o comunicar sus deseos, a veces fuera de contexto.

La afasia, por su parte, se produce cuando un niño tiene dificultades para formar frases completas. Puede utilizar palabras, pronombres o gramática incorrectos para expresar sus sentimientos, ideas y pensamientos. Se clasifica como un trastorno del habla, la comunicación y el procesamiento del lenguaje que afecta a la forma de entender, procesar y utilizar las habilidades lingüísticas. Los niños con afasia también suelen tener dificultades para seguir instrucciones, comprender y responder preguntas y mantener una conversación con los demás (CASRF, 2023). Es comprensible que su falta de habilidades comunicativas haga que los niños con afasia se sientan enfadados, incomprendidos y frustrados, lo que podría llevarles a comportarse de forma agresiva, a tener problemas de conducta y a aislarse.

Curiosamente, debido a que este trastorno se considera poco frecuente (sólo dos millones de estadounidenses están diagnosticados de afasia), la discapacidad suele diagnosticarse erróneamente como autismo en lugar de como un síntoma de TEA (CASRF, 2023). También existen cuatro tipos diferentes de afasia:

1. **Afasia excesiva:** Una persona con este tipo de afasia se esfuerza por formar frases completas, a menudo luchando con los tiempos verbales, el orden de las palabras y las palabras de función (es decir, y, o, el, etc.)

2. **Afasia receptiva:** Las personas con este tipo de afasia tienen dificultades para comprender el lenguaje, independientemente de que la comunicación sea oral o escrita. Este tipo hace que entender instrucciones, procesar mentalmente palabras o fases y responder a preguntas les resulte bastante frustrante.

3. **Afasia global:** este tipo de afasia se considera un trastorno del lenguaje, que dificulta la comprensión, la lectura y la escritura. Su vocabulario puede ser muy limitado y pueden mostrar un déficit a la hora de recuperar palabras (encontrar las palabras correctas o utilizarlas en el contexto adecuado).

4. **Afasia mixta:** Una persona con este tipo de afasia puede tener dificultades con todos los tipos anteriores, especialmente cuando se trata de comprender el lenguaje escrito y hablado, utilizar una gramática correcta y expresar sus pensamientos e ideas. Sin embargo, la mayoría de las personas diagnosticadas de afasia mixta tienen algún tipo de daño cerebral que afecta a la forma en que su cerebro procesa el lenguaje.

Comunicación conductual

Lo creas o no, el comportamiento es una forma de comunicación de los seres humanos. Es posible que los niños autistas que se comunican de este modo no sepan expresar con palabras su enfado o frustración, pero si lanzan un juguete al otro lado de la habitación, lo entenderán. Puede que no sepan expresar su alegría, pero si saltan y aplauden, sabrán que están contentos.

CÓMO COMUNICARSE CON SU HIJO NO VERBAL

No deje que el hecho de que su hijo no se comunique vocalmente con usted le desanime. Hay otras formas de interactuar con tu hijo sin necesidad de palabras, o al menos con un mínimo de ellas.

- **Comunicarse mediante señales no verbales y gestos**

Ayude a su hijo a aprender las señales faciales mostrándole cómo son expresiones como la felicidad o la tristeza, asegurándose de exagerarlas un poco. Al ver esta expresión exagerada, tu hijo podrá entender cómo te sientes. También puedes utilizar los mismos gestos que ellos, como señalar con el dedo cuando les pides que cojan algo, aplaudir cuando estás emocionado y darles un pulgar hacia arriba o hacia abajo cuando dices sí o no a algo. De este modo, conectas las palabras con los gestos.

- **Imitar su uso de los sonidos**

Al igual que ocurre con los gestos, también puedes imitar respetuosamente sus sonidos como forma de comunicación. De este modo, se crea una conexión entre padres e hijos y un sentimiento de respeto mutuo. Por ejemplo, si gruñe cuando está enfadado, imita su gruñido antes de intentar consolarlo. Para ellos, copiar su sonido demuestra que entiendes cómo se siente y que estás ahí para ayudarle.

- **Utiliza las fichas**

Al igual que cuando aprendías las operaciones matemáticas de pequeño, las tarjetas hacen maravillas con los niños no verbales a la hora de comunicarse. Las tarjetas específicas, como las que muestran emociones, permiten a los niños no verbales expresar lo que piensan o cómo se sienten. También puedes encontrar tarjetas con objetos cotidianos, que puedes convertir en una divertida actividad en la que enseñas al niño la tarjeta y le pides que señale el objeto.

- **Sigue hablando, sigue hablando**

Sé que mi parodia de la frase de Dory, "Sigue nadando", no suena tan bien, pero sigue siendo cierto. La mejor manera de que tu hijo desarrolle y refuerce sus habilidades lingüísticas es hablarle. Esto también les hace sentirse incluidos en la familia. Aunque el uso de técnicas de comunicación no verbal puede ayudarte en el camino, no debes confiar en ellas para salir adelante.

- **Repasa tu lenguaje de signos**

Como ya sabrás, los niños autistas tienen dificultades para expresar lo que quieren. Ser no verbal no debería

les frena aún más cuando existen otras formas de transmitir el mensaje. Especialmente cuando un niño no verbal empieza la logopedia, enseñarle a hacer señas con las palabras que le resultan difíciles puede ayudarle a comunicar sus necesidades. Por ejemplo, hacer señas cuando tiene hambre o quiere más zumo indica lo que quiere y sigue siendo una forma eficaz de comunicarse. Enseñar a un niño a hacer signos también le ayuda a ganar independencia, ya que podrá comunicarse con personas de fuera de la familia que conozcan el lenguaje de signos.

- **Haz de la tecnología tu amiga**

Aunque limitar el tiempo de pantalla es siempre una buena idea cuando se trata de niños, eso no significa que no puedas hacer que la tecnología trabaje para ti. Dispositivos como iPads, tabletas y smartphones tienen aplicaciones que pueden ayudar a tu hijo a comunicarse con solo pulsar un botón. Bueno, no necesariamente un botón, sino pulsando una imagen. Al hacer clic en la foto, la tableta traducirá la imagen en palabras.

AUTISMO INFANTIL | 105

Una aplicación popular para este tipo de comunicación se llama JABtalk y está disponible en Google Play Store, pero también puede descargarse en un ordenador PC o Mac. Una de las mejores características de la aplicación es que los niños pequeños pueden navegar fácilmente por ella.

- **Actividades divertidas para niños no verbales que fomentan la comunicación**

Es comprensible que no poder decir lo que piensas, expresar tus pensamientos y compartir tus sentimientos pueda ser frustrante y hacer que un niño se sienta abrumado por la ansiedad. Sin embargo, hay algunas actividades divertidas que pueden ayudarte a comunicarte e interactuar con tu hijo sin necesidad de palabras.

- **Fiesta de baile**

La mejor manera de ayudarles a superar sus emociones es poner música y bailar. También les anima y les mantiene activos. Incluso puedes dejarles elegir la canción para que expresen cómo se sienten.

- **Dedique tiempo a la creatividad**

Pintar con los dedos, jugar con plastilina y colorear son formas estupendas de que tu hijo no verbal exprese sus emociones a la vez que le ayudan a relajarse. Busque un lugar cómodo en el suelo, saque la caja de lápices de colores y extienda los libros de colorear por el suelo. Felicítale por los colores que ha elegido, por no salirse de las líneas y por su técnica, y verás cómo se le ilumina la cara.

- **Encontrar un grupo de apoyo**

Conocer e interactuar con otros padres de niños no verbales es una forma estupenda de sentirse visto y comprendido. Ya se han encontrado en tu situación y pueden darte algunos consejos útiles sobre cómo comunicarte con tu hijo, o incluso pueden estar empezando a resolver sus propios problemas. También le da la oportunidad de conocer a otros niños como él.

ABORDAR LOS PROBLEMAS DE COMUNICACIÓN

Antes de hablar de cómo abordar las barreras de comunicación, debemos llamar su atención sobre otras cuestiones. Además de la ecolalia, la no verbalidad y la afasia, existen otros problemas de comunicación a los que pueden enfrentarse los niños con autismo. Éstos son algunos de los problemas más comunes cuando se trata de niños con autismo y sus habilidades de comunicación.

- **Tomarse las cosas al pie de la letra**

Todos hemos oído alguna vez las frases populares "llueve a cántaros" o "cuando los cerdos vuelan", pero este tipo de afirmaciones suelen ser tomadas al pie de la letra por los niños con TEA. También les puede costar entender el significado de los chistes. El motivo es que siempre hay sutiles tonos de sarcasmo detrás de una broma humorística a pesar de su verdadero significado, lo que puede confundir a las personas que ya tienen dificultades para leer las señales sociales.

Para combatir este problema, intente hablar con frases sencillas y concisas y evite las expresiones idiomáticas. En términos más sencillos, diga lo que quiere decir y quiera decir lo que dice. Así hay menos confusión.

- **No puedo ceñirme al tema**

Una persona con autismo suele tener dificultades para ceñirse a un tema durante una conversación. Esto se debe a que la mente de un autista procesa muchos estímulos y se mueve muy deprisa. Así que, mientras tú todavía estás intentando comprender el primer tema, el cerebro de un niño autista puede estar en el tercero o el cuarto. Esto puede hacer que parezca que sus pensamientos están desorganizados, pero simplemente se cansaron del tema anterior y estaban listos para hablar de uno nuevo.

Si a tu hijo le cuesta no desviarse del tema, siempre puedes retomar la conversación anterior cuando te toque hablar a ti. El único caso en que no debes hacerlo es si muestra desinterés por el tema o deja de hablar por completo y se marcha, lo que ocurre a menudo.

- **Limitar el contacto visual durante la conversación**

Como ya hemos comentado, uno de los signos distintivos del autismo es la falta de contacto visual o una aversión total al mismo. Lo que para otros puede parecer un acto sencillo, a un niño autista puede provocarle una sobrecarga sensorial que le haga sentirse físicamente incómodo. A algunos niños les resulta difícil centrarse en la expresión facial del interlocutor mientras prestan atención a lo que dice la persona, por lo que pueden optar por mantener los ojos cerrados para poder concentrarse.

La mejor forma de abordar estos problemas es seguir los consejos y técnicas que repasamos en el Capítulo Cinco para que el contacto visual se produzca de forma natural. Estos consejos incluyen explicarles lo que se espera del contacto visual, elogiarles cuando mantengan el contacto visual por sí solos, hablarles de su tema favorito, enseñarles a comunicarse con su lenguaje corporal y hacer una ligera pausa hasta que establezcan el contacto visual.

ENFOQUES TERAPÉUTICOS PARA AYUDAR A SU
HIJO A TRABAJAR SUS HABILIDADES
COMUNICATIVAS

Hay muchos consejos, técnicas y estrategias que puede utilizar en casa para ayudar a su hijo a establecer y reforzar sus habilidades comunicativas, pero para algunos niños puede ser necesario un enfoque terapéutico. Estas son algunas de las terapias que puedes investigar o consultar con el especialista de tu hijo:

- **Análisis aplicado del comportamiento (ABA)**

Con su propósito de ayudar a las personas a gestionar sus emociones, reforzar sus habilidades sociales y modificar los comportamientos perturbadores, no es de extrañar que el ABA sea uno de los mejores enfoques terapéuticos para las personas con autismo. Para que este tipo de terapia resulte aún más interesante, sus técnicas pueden utilizarse en un entorno clínico y en casa.

Si un niño con autismo participa en ABA, se recomienda que reciba entre 20 y 40 horas de terapia a la semana (NU, 2021). La forma en que funciona esta terapia es ignorando los comportamientos negativos o perturbadores y elogiando y fomentando los positivos.

Nota: Para los niños con TEA de nivel tres, la terapia de análisis conductual aplicado ha demostrado ser muy beneficiosa. Hay otras terapias que probablemente se recomendarán cuando se trate del cuidado de niños en este extremo del espectro, incluyendo la terapia del habla, la terapia de integración sensorial (de la que aprenderá más en breve), fisioterapia y terapia ocupacional (Andreasen, 2022).

- **Intervención para el Desarrollo de las Relaciones (IDR)**

Este enfoque terapéutico es una forma de terapia conductual, cuya especialidad es hacer hincapié en los comportamientos sociales positivos. Ejemplos de algunas áreas en las que puede trabajar un niño con RDI son la interpretación de expresiones faciales y señales sociales, compartir con otros niños y establecer contacto visual de forma natural. Este enfoque requiere que el terapeuta elabore una lista de objetivos para que el niño y la familia trabajen para alcanzar cada objetivo en casa. A continuación, el terapeuta proporcionará información sobre nuevas estrategias para que el niño siga progresando.

- **Terapia de integración sensorial**

Este enfoque es un tipo de terapia ABA, pero se centra más en reforzar los comportamientos positivos relacionados con las sensibilidades sensoriales. Considérelo un tipo de terapia de exposición, ya que se centra específicamente en los problemas sensoriales del niño y lo expone a los estímulos lentamente sin sobreestimularlo. Una vez que el niño supera la sensibilidad, los estímulos empiezan a intensificarse sin perder de vista sus limitaciones.

LA HISTORIA DE ADAM

Adam sólo tenía un año cuando su madre empezó a notar que había algo diferente en él. Siendo el menor de tres hermanos, progresaba mucho más despacio que sus hermanos en lo que a comunicación se refiere. Todo el mundo le decía a su madre que podía tratarse de un niño tardío, pero no por ello dejaba de preocuparse. Sentía en sus entrañas que algo iba mal, pero no se atrevía a contárselo al pediatra.

Como no quería ceder a sus temores, la madre de Adam se abstuvo de mencionar el hecho de que aún no había pronunciado su primera palabra. O que, cuando intentaba comunicarse, emitía sonidos parecidos a los de una cobaya. Tampoco le dijo a su médico que presentaba algunos problemas sensoriales inusuales. A menudo gritaba a pleno pulmón cuando tenían que lavarle el pelo y se ponía visiblemente incómodo si alguna de sus prendas tenía una etiqueta dentro. También se agarraba las orejas durante mucho tiempo si oía un ruido fuerte y se quejaba de que la televisión estaba demasiado alta. También había señales de que se angustiaba si el sol brillaba con fuerza, lo que le obligaba a entrecerrar los ojos y tapárselos hasta que estaba a salvo en el coche.

No fue hasta que Adam tenía casi dos años cuando su madre no pudo soportar más el estrés. Su hijo sólo era capaz de decir unas pocas palabras y seguía haciendo ruidos extraños en lugar de hablar. Sus problemas sensoriales habían empeorado en lugar de mejorar, como ella esperaba, y a veces sus rabietas duraban horas en lugar de los pocos minutos a los que estaba acostumbrada con sus otros hijos.

Deseosa de saber qué le pasaba a su hijo, la madre de Adam concertó una cita con su pediatra y le contó todos los comportamientos inusuales que observaba. Con más de 30 años de experiencia a sus espaldas, el médico de Adam tenía una idea de lo que podía estar ocurriendo con el niño y lo remitió a un logopeda para que confirmara sus inclinaciones.

Tras una evaluación, en la que se observó a Adam y su madre respondió a un cuestionario exhaustivo, la madre de Adam obtuvo por fin la respuesta que tanto ansiaba. Su hijo era autista, con un TEA de nivel tres, para ser exactos. Cuando supo en qué nivel del espectro se encontraba su hijo, la madre de Adam entró en pánico y empezó a preguntarse si alguna vez llegaría a tener una conversación real con su hijo. Preguntó a la logopeda cómo iba a poder comunicarse con él si no podía responder. La respuesta de la logopeda fue muy sencilla: paciencia, constancia y una actitud positiva.

comunicarse con él a su nivel. La madre de Adam también fue derivada a otros tipos de terapias que podrían ayudar al niño, pero le dijeron que también debía seguir yendo a logopedia.

La noticia era abrumadora, pero no era más que el principio. Algunos días, la madre de Adam se sentía desbordada y lo único que quería era que Adam utilizara sus palabras y le dijera lo que necesitaba sin gritar. Había noches en las que estaba despierto a todas horas y sus crisis eran casi diarias. Pero, a pesar de todo el estrés que sentía, no se rindió con su hijo. Fue constante con su horario diario, asegurándose de que acudía a las distintas sesiones de terapia y practicaba las técnicas que le enseñaban cuando estaban en casa.

La madre de Adam incluso enseñó a sus hermanos mayores a expresar verbalmente sus emociones y a transcribir sus movimientos a lo largo del día. Aunque a sus hijos no les gustaba hacerlo, querían que su hermano pequeño mejorara. Con el tiempo, todas las técnicas, estrategias y enfoques terapéuticos que la madre de Adam puso en práctica en casa empezaron a dar sus frutos. Poco a poco, Adam había aumentado su limitado vocabulario de 3 a 10 palabras y los dispositivos de comunicación oral le habían resultado muy útiles. Además, le encantaba poder utilizar el lenguaje de signos si tenía dificultades con ciertas palabras.

A veces, después de un día especialmente estresante, la familia ponía música y se montaba una fiesta de baile. A Adam le encantaba, y solía bailar tanto que se arrastraba hasta el regazo de su madre y se quedaba dormido.

WRAP- UP

En este capítulo has aprendido los distintos tipos de comunicación y algunas formas de interactuar con tu hijo no verbal, algunas de ellas sin necesidad de hablar. También ha aprendido algunas actividades divertidas que puede realizar con su hijo para ayudarle a manejar emociones incómodas, permitiéndole expresar sus sentimientos y relajarse. También hablamos de algunos problemas de comunicación comunes entre la comunidad autista y de cómo puede ayudar a su hijo a resolverlos, así como de algunos enfoques terapéuticos que puede estudiar o probar.

En el próximo capítulo, exploraremos las formas en que puede ayudar a su hijo a desarrollar habilidades emocionales y de razonamiento.

8

DESARROLLAR LAS CAPACIDADES EMOCIONALES Y DE RAZONAMIENTO

No estaría donde estoy hoy si fuera neurotípica porque me habrían interesado las cosas sociales. Tener un poco de autismo me ayudó a conseguir mis objetivos y a no perderme lo que la mayoría de la gente pensaba que me estaba perdiendo.

— EVAN DELANEY RODGERS, POLÍTICO QUE
VIVE CON TEA

A lo largo de este libro se ha señalado que los niños con trastornos del espectro autista carecen de las habilidades necesarias para regular sus emociones. De hecho, estudios realizados en la Universidad de Londres, en el Reino

Unido, han demostrado que "los autistas experimentan dificultades para reconocer y comprender las emociones de los
demás". expresiones emocionales de los demás, y las observaciones naturalistas muestran que utilizan dichas expresiones
de forma infrecuente e inapropiada para regular los inter-
cambios sociales" (Gaigg, 2012).

Aparte de los estudios científicos, hay medidas que puede
tomar y diferentes estrategias disponibles para ayudar a su
hijo a desarrollar sus habilidades emocionales y de razonamiento. Solo tienes que recordar que la paciencia, la
comprensión y la coherencia son fundamentales, sin olvidar
que la capacidad de regular las emociones también ayuda a
tu hijo a pensar de forma lógica y razonable cuando se
enfrenta a un problema.

RETOS COMUNES DEL ASD RELACIONADOS CON LAS EMOCIONES

Aunque no todos los niños con TEA tienen los mismos
problemas emocionales, muchos de ellos se enfrentan a
algunos retos comunes. Estos son los problemas más
comunes y cómo pueden afectar a la vida diaria de tu hijo:

- **Comprender, interpretar y expresar las emociones**

Cuando se trata de interpretar y responder adecuadamente a
las emociones de los demás, muchos niños autistas se

encuentran completamente perdidos. Además, aunque algunos son

Algunas personas con TEA tienen dificultades para imitar las reacciones emocionales de los demás o para empatizar con ellos. Por supuesto, esto no es intencionado ni un intento de su hijo de parecer grosero o insensible; sin embargo, puede que los demás no lo vean así. Los niños con autismo simplemente carecen de la capacidad y la habilidad para comprender cómo se siente una persona, mientras que los niños neurotípicos podrían no entender que su hijo no lo hace a propósito.

- **Centrarse en las expresiones faciales**

Como ha leído, establecer contacto visual puede ser un tema delicado para las personas con autismo. Sin embargo, muchas emociones pueden transmitirse en los ojos, lo que dificulta mucho la capacidad de comprender y procesar los sentimientos de los demás. En lugar de mirar a alguien a los ojos e interpretar su expresión facial en su conjunto, un niño con TEA tiende a centrarse en otras zonas de la cara, normalmente la boca. Por desgracia, la boca expresa las emociones mucho menos que los ojos. Por ejemplo, la gente puede sentirse dolida o enfadada pero conseguir mantener una sonrisa en la cara. Imagina lo confuso que puede ser esto para alguien a quien ya le cuesta interpretar las emociones y es incapaz de centrarse en las expresiones faciales.

- **Diferenciar sus sentimientos de los de los demás**

Aunque algunos niños con autismo tienen problemas de empatía, es un estereotipo muy hiriente asumir que todas las personas con TEA carecen de la capacidad de empatizar con los demás. Este estereotipo agrupa a toda una comunidad sin tener en cuenta que, aunque muchos niños y adolescentes con TEA tienen dificultades para expresar sus emociones, son capaces de sentir empatía por los demás. A veces, incluso empatizan en exceso, o más bien "captan los sentimientos de los demás", una sensación que suele denominarse "sintonía empática" (Fritz y Helgeson, 1998).

Esencialmente, la sintonización empática hace que una persona con TEA se sienta tan absorbida por las emociones de los demás que se siente abrumada. Básicamente, se ahogan en los sentimientos de los demás, lo que les hace sentirse tan sobrecargados que se ven obligados a cerrarse emocionalmente o a aceptar los sentimientos como propios.

- **Mostrar emociones inapropiadas**

Teniendo en cuenta que un autista suele tener dificultades para leer una habitación, no es de extrañar que le cueste expresar sus emociones de forma adecuada. En una mente neurotípica, su necesidad de conforman obliga a la persona a evaluar la situación antes de reaccionar. Su cerebro les dice cuándo deben expresar visiblemente sus emociones, ya sea riendo, llorando o reprimiéndolas. Para un niño o adolescente con autismo, su mente retrasa el proceso de evaluación y salta directamente a la reacción. Para algunos, esto significa que reprimen sus emociones en momentos en los que deberían reaccionar y viceversa. Por ejemplo, un niño con autismo puede reírse cuando ocurre algo malo o permanecer completamente tranquilo cuando otras personas a su alrededor están visiblemente alteradas.

- **Apegos inusuales a objetos inanimados**

Un estudio que se publicó en un artículo de 2019 en la revista *Autism* mostró que las personas con autismo son más propensas a atribuir emociones a objetos inanimados. También es más probable que expresen simpatía por juguetes o ropa en lugar de por otras personas (White & Remington, 2018). Un estudio del año anterior explicaba por qué ocurre esto, afirmando que las personas del espectro tienden a tener niveles más bajos de empatía cognitiva (Holt et al., 2018).

CÓMO EL AUTISMO Y LOS DESAFÍOS EMOCIONALES COLL ABORATE

En comparación con sus compañeros, los niños y adolescentes con autismo luchan persistentemente cuando se trata de problemas relacionados con las emociones. Sea cual sea el problema, sus dificultades se combinan con los síntomas del autismo para hacerles la vida aún más difícil.

He aquí cómo cohabitan el autismo y los retos emocionales:

- **Pensamiento rígido**

Este reto se conoce en el mundo médico como rigidez cognitiva y consiste en la incapacidad de procesar o adaptarse a pruebas o información recién descubiertas. Las personas autistas se enfrentan con frecuencia a este problema, que puede hacer que se sientan frustradas, enfadadas y agresivas con los demás. Se inclinan a creer lo que consideran correcto y ni siquiera se plantean cambiar su posición, punto de vista o postura sobre un tema a menos que tengan delante pruebas irrefutables.

Su inflexibilidad ante los nuevos conceptos puede dificultarles la resolución de problemas, ya que sólo ven una solución para el problema que se les plantea.

La inflexibilidad también va unida a su omportamiento repetitivo, como por ejemplo

Recorrer todos los días el mismo camino para ir al colegio a pesar de que existe un atajo que puede llevarles más rápido.

- **Mayor sensación de miedo**

Lo que tú consideras que da miedo puede ser completamente distinto de lo que un niño con autismo considera aterrador. Mientras que a ti te pueden aterrorizar las arañas, volar en avión o conducir sobre puentes, a un niño autista le pueden

AUTISMO INFANTIL | 121

asustar los ruidos fuertes, las luces brillantes y las habitaciones abarrotadas. La sobreestimulación que sienten cuando experimentan estas situaciones anula esencialmente la parte de "lucha o huida", dejándoles sólo con el impulso de huir. Sin embargo, también pueden tener una respuesta de lucha y reaccionar de forma inadecuada, como pegar, gritar o tener una crisis total.

- **Limitar su exposición a cosas y lugares nuevos**

Gracias a su necesidad natural de crear y mantener una rutina estructurada y un pensamiento rígido, un niño autista tiende a limitar su exposición a todo lo nuevo. Puede que sólo quiera hablar de ciertas cosas, visitar un número selecto de lugares o llevar determinadas prendas de ropa. Sin embargo, al ceñirse únicamente a lo que conocen y limitar su exposición,

se están aislando de experimentar cosas nuevas y emocionantes. Están cortando sus posibilidades de conectar con el mundo exterior, lo que puede provocar ansiedad y depresión y restringir su capacidad para reforzar sus habilidades sociales.

APOYAR EL DESARROLLO EMOCIONAL

Para apoyar el desarrollo emocional de tu hijo y que pueda prosperar, primero tienes que conocer y comprender los pasos para fomentar esta habilidad:

- **Primer paso:** Centrarse en la interacción social con sus compañeros y otros adultos de su vida. Esto incluye aprender a compartir, jugar e interactuar con los demás, turnarse con los juguetes, participar dentro de un grupo y cooperar sin reticencias.
- **Segundo paso:** adquirir conciencia emocional, lo que significa que son capaces de comprender y reconocer sus propios sentimientos y los de los demás. Esto se extenderá posteriormente a la comprensión de cómo sus acciones y reacciones ante las situaciones pueden afectar a la vida de los demás.
- **Tercer paso:** Ser capaz de regular sus emociones, pensamientos e ideas en lo que se consideraría una manera socialmente aceptable. Este

Consejos útiles para ayudar a su hijo a reforzar su desarrollo emocional

- **Utilizar técnicas ABA**

La terapia ABA no sólo ayuda a tu hijo elogiando sus conductas positivas, sino que también existen técnicas que su terapeuta puede enseñarte para que puedas utilizarlas en casa. Aunque debes recordar que debes ser constante con las técnicas si quieres que los comportamientos positivos continúen. También puedes utilizar las herramientas que se emplean en la terapia ABA, como las tarjetas de emociones y las historias sociales.

- **Validar y etiquetar las emociones**

Para entender el contexto de sus emociones, puedes ayudar a tu hijo a reconocerlas con etiquetas claras. Por ejemplo, si le estás leyendo un libro ilustrado, puedes señalar la expresión facial del personaje y ver si es capaz de reconocer la emoción. Si acierta, elógielo para estimular su esfuerzo. Pero si se equivoca, explícale claramente por qué el personaje se siente así. Por ejemplo, si estás leyendo *"Ricitos de oro y los tres osos"*, puedes decir que el osito está muy triste porque se le ha roto la silla y alguien se ha comido todas sus gachas.

Valide y responda a los sentimientos de su hijo, independientemente de que sean emociones positivas o negativas. Dile lo feliz que te hace cuando le ves sonreír y que puede enfadarse cuando su juguete favorito deja de funcionar. La cuestión es que tienes que poner nombre al sentimiento para que pueda entender y reconocer sus emociones, aunque todavía no pueda expresarlo.

- **Llame la atención de su hijo sobre los demás niños de la habitación y anímeles a jugar**

Interactuar con otros niños es una forma estupenda de que los niños con TEA exploren, asimilen y observen las emociones de los niños de su edad. La mejor forma de que un niño refuerce no solo sus habilidades emocionales, sino también sus habilidades sociales, es con la práctica.

Cuando no haya otros niños cerca, también puede practicar las técnicas que su hijo ha aprendido en la terapia ABA mediante juegos de rol. Actúe como si fuera uno de los compañeros de clase de su hijo y propóngale una situación hipotética que pueda provocarle una emoción negativa. A continuación, puede repasar otras formas de reaccionar que sean positivas y más constructivas.

- **Modelar las interacciones sociales**

Por si aún no lo sabes, los niños aprenden mucho observando a los adultos. Siguen nuestro ejemplo, y la forma en que nos relacionamos con los demás no es diferente. Deja que tu hijo te acompañe cuando quedes con un amigo para tomar un café y charlar, y que observe cómo interactúas con él. Luego, cuando se quede a solas con él, pregúntele qué ha observado durante el tiempo que ha pasado con su amigo y responda a sus preguntas. Esto puede ayudar a los dos. de ti, ya que pueden aprender formas eficaces de interactuar con los demás, y sus preguntas pueden darte una idea de dónde pueden estar teniendo dificultades.

- **Háblalo cuando se calmen**

Los berrinches y las rabietas son inevitables, pero intentar hablar con ellos en medio de sus emociones exacerbadas no te llevará a ninguna parte. En realidad, intentar hablarle de cómo se siente cuando todavía está muy alterado puede hacer que se sienta aún más abrumado. En lugar de eso, espere a que su hijo se calme para poder analizar sus sentimientos con él, identificar por qué estaba enfadado y ponerle una etiqueta a la emoción. Después, puedes repasar otras formas constructivas y positivas de afrontar esa misma emoción la próxima vez que surja.

- **Crear un entorno reconfortante**

Aunque hemos tratado este tema varias veces a lo largo de este libro, es importante recordar que la coherencia es la clave. La mejor forma de ayudar a tu hijo a regular sus emociones es garantizar que se sienta cómodo. Esto significa mantener una rutina coherente y predecible. Facilita las transiciones reduciendo los tiempos de espera y preparando una caja de pequeñas actividades en las que puedan concentrarse entre tarea y tarea. Ofrezca a su hijo opciones para que sienta que tiene cierto control sobre su vida. Por último, pero no por ello menos importante, mantente abierto y honesto a la hora de hablar de emociones; sin embargo, asegúrate también de ser claro y conciso con tus palabras, al tiempo que te aseguras de que son apropiadas para su edad.

FOMENTAR EL RAZONAMIENTO LÓGICO

Las habilidades de pensamiento crítico son importantes a la hora de enfrentarse a obstáculos y retos cotidianos, y se consideran esenciales para el desarrollo de la infancia. Sin embargo, muchos niños y adolescentes del espectro encuentran extremadamente difícil el proceso de resolución de problemas. Esto se debe a que los individuos con espectro tienen dificultades para procesar ideas abstractas.

La importancia del razonamiento lógico y el pensamiento crítico

Como ya se ha dicho, las habilidades de pensamiento crítico son muy importantes para el desarrollo infantil. Disminuye la probabilidad de sentirse atrapado en un ciclo de pensamiento rígido y mejora la capacidad del niño para autorregularse, dos síntomas comunes entre los niños del espectro.

El pensamiento lógico permite a los niños abordar los problemas con una mentalidad abierta, lo que les lleva a plantearse preguntas que invitan a la reflexión y a encontrar múltiples soluciones creativas. También les ayuda a comprender que hay más de un método para hacer las cosas y que deben tener la mente abierta cuando se trata de considerar las sugerencias de otras personas.

La principal razón por la que los niños autistas tienen dificultades con el pensamiento crítico es que prefieren pensar en términos concretos, en algo que esté grabado en piedra y que pueda demostrarse con el uso de los sentidos. También suelen tener dificultades para relacionar de forma independiente experiencias pasadas con su situación actual a fin de resolver el problema que se les plantea.

Para las personas del espectro, la posibilidad de tomar una decisión que pueda provocar un cambio en su rutina les provoca ansiedad, por lo que es más probable que eviten tomar una decisión. Los estudios han descubierto que las decisiones urgentes o las que amenazan con alterar su rutina hacen que las personas con espectro se sientan ansiosas, mentalmente agotadas y extremadamente abrumadas (Luke et al., 2011).

Aunque el pensamiento crítico y la resolución de problemas pueden resultar demasiado estimulantes para los niños con espectro, eso no significa que se haya perdido toda esperanza. Hay formas de ayudarles a desarrollar estas habilidades, asegurándose de que Cuando llegue el momento y tengan que tomar una decisión importante, podrán enfrentarse al problema en lugar de evitarlo.

CÓMO FOMENTAR Y REFORZAR HABILIDADES DE PENSAMIENTO CRÍTICO EN NIÑOS CON ASD

- **Tenga en cuenta los puntos fuertes y las habilidades de su hijo**

Cada niño tiene sus propias fortalezas, debilidades y habilidades. Si aún no se ha dado cuenta, lo más probable es que su hijo tenga su propio conjunto único. Muchos niños autistas confían en las normas y las rutinas para navegar por la vida, así que aprovéchate de ello. Utiliza sus puntos fuertes, ya sea el análisis o la creatividad, para descubrir cómo abordar el tema de la resolución de problemas y el pensamiento crítico. Explorar estas vías puede darte una idea de por dónde empezar y en qué trabajar.

- **Crear escenarios y formular preguntas abiertas**

Puedes convertir este ejercicio de perfeccionamiento en un juego. Piensa en ello como un juego de rol combinado con "21 preguntas". Sin embargo, las preguntas no pueden responderse con una simple respuesta de sí o no. Puedes crear una situación inventada adecuada a la edad de tu hijo o plantearle una situación a la que se haya enfrentado en el pasado. A continuación, pídele que desglose los pasos que seguiría para resolver la situación o cómo la habría resuelto de otra manera.

- **Vocalice su proceso de pensamiento**

Piensa en todas las decisiones que tomas en 24 horas. Desde la ropa que te vas a poner ese día hasta lo que quieres preparar para cenar, son muchas decisiones. Ahora bien, ¿qué pasaría si vocalizara su proceso de pensamiento con su hijo en la habitación? Ya sabemos que los niños escuchan todo lo que decimos, siempre que no nos dirijamos específicamente a ellos, claro. Piensa en esta estrategia como una forma de modelar el comportamiento. Al decir lo que piensa, repasar sus opciones y llegar a una decisión razonable en voz alta, su hijo puede observar la forma en que usted busca una solución y sentirse inspirado para intentarlo por sí mismo.

WRAP-UP

En este capítulo hemos hablado de la importancia del desarrollo emocional y del razonamiento lógico durante el desarrollo temprano del niño. También has aprendido los tres

principales pasos para fomentar el desarrollo emocional, así como formas de apoyar a su hijo mientras refuerza esta habilidad.

También hemos hablado de cómo el pensamiento crítico y el razonamiento lógico benefician a los niños y por qué los niños con autismo tienen dificultades para desarrollar estas habilidades. A continuación, aprendimos algunos enfoques estratégicos sencillos para animar a su hijo a resolver problemas y a pensar de forma crítica sobre una situación.

En el próximo capítulo, hablaremos de las frustraciones más comunes que sienten los padres en relación con la escolarización convencional, la defensa de sus hijos y el acoso escolar.

9

ZONAS COMUNES DE FRUSTRACIÓN PARA PADRES

Ónde se supone que deben dirigirse los padres cuando se sienten frustrados con la escuela de sus hijos,

¿Tiene dificultades para defender las necesidades de su hijo o es víctima de acoso escolar? Ya es bastante difícil asegurarse de que se satisfacen todas las necesidades de su hijo en casa, pero ¿cómo puede hacerlo durante las horas que está en la escuela?

Éstas son quejas y frustraciones habituales de los padres de niños en edad escolar con autismo. Teniendo en cuenta que los niños con autismo suelen tener dificultades para expresar sus pensamientos y emociones, y que algunos de ellos no hablan, puede resultarles difícil decirle que en la escuela no se satisfacen sus necesidades. Puede que su profesor no esté siguiendo su IEP o su plan 504 como debería, lo que hace que su hijo tenga dificultades.

La falta de habilidades comunicativas también puede dificultar que tu hijo te diga a ti o a su profesor que está siendo acosado en la escuela.

En este capítulo, repasaremos este tipo de situaciones y cómo puede afrontarlas de forma eficaz.

VENTAJAS E INCONVENIENTES DE LA ESCOLARIZACIÓN ORDINARIA

Cuando se "integra" a un niño con autismo, significa que está en un aula ordinaria la mayor parte del día, si no todo el día. Aunque las directrices federales establecen que los niños con necesidades especiales deben ser colocados en un aula más estructurada y menos restrictiva, la integración puede beneficiar a un niño con autismo de muchas maneras. Dicho esto, también hay algunos inconvenientes cuando se trata de niños con TEA en un entorno general.

Ventajas de la integración

El mainstreaming, también conocido como inclusión, es una combinación de clases de educación especial y currículo ordinario. Por si no lo sabe, los programas de educación especial incluyen a todos los alumnos con una amplia variedad de discapacidades. Estas discapacidades pueden ser físicas, de aprendizaje o neurológicas.

como el trastorno del espectro autista. Todos los alumnos que reúnen los requisitos para participar en programas de necesidades especiales tienen un plan detallado y estructurado, conocido como IEP o plan 504, en el que se indica cuántas horas al día debe estar el niño en un aula de educación especial, en qué asignaturas necesita ayuda y si se precisan otros servicios (como logopedia, fisioterapia o terapia ocupacional).

Uno de los mejores beneficios del mainstreaming es que fomenta el sentido de independencia en los niños con autismo, preparándoles esencialmente para la universidad y la vida adulta. Los estudios también han demostrado que la integración puede ayudar a los niños con autismo a desarrollar habilidades sociales e incluso a aumentar su coeficiente intelectual (Stahmer et al., 2011).

Del mismo modo, la integración también beneficia a los niños con TEA, ya que les enseña tolerancia y les ayuda a desarrollar amistades significativas. Un aula inclusiva permite a tu hijo relacionarse con niños de distintos orígenes, culturas y clases sociales. Aprenden a aceptar y apreciar la singularidad de los demás, a que otras personas piensen de forma diferente a ellos, y pueden contrarrestar el pensamiento rígido.

Contras de la integración

Una de las desventajas de la inclusión es la falta de formación que puede tener un profesor en un aula ordinaria.

Los profesores de educación especial tienen que estar formados para enseñar a alumnos con una amplia variedad de discapacidades, que van desde la dislexia al síndrome de Down, pasando por todos los niveles de autismo o deficiencias cognitivas graves, y el tamaño del aula suele ser mucho menor. Mientras que los profesores de las aulas ordinarias no tienen formación especializada y el tamaño de las aulas es mucho mayor, lo que significa que los alumnos con discapacidades tienen menos probabilidades de recibir la atención que necesitan.

Además, los alumnos pueden situarse en distintos niveles del espectro, desde los de alto funcionamiento hasta los no verbales. Con las diferencias en los estilos de aprendizaje, muchos profesores se encuentran perdidos debido a una serie de circunstancias. En primer lugar, no han recibido una formación especial sobre los niveles de autismo y el tipo de ayuda que puede requerir cada tipo. Esto conduce a una concepción errónea de lo que es el autismo, de cómo afecta al alumno, de cómo su falta de comunicación y de habilidades sociales puede afectar a su nivel de participación y de cómo sus problemas sensoriales pueden hacer que pierda la concentración.

También hay una gran diferencia entre los estilos de enseñanza de un aula ordinaria y los de un programa de educación especial. Es posible que los niños con autismo no puedan aprender ciertas habilidades o lecciones utilizando métodos de enseñanza tradicionales, ya que a menudo requieren un plan de lecciones centrado... específicas para sus estilos de aprendizaje. Esto puede dificultar el seguimiento y la comprensión de un plan de estudios establecido para un niño con autismo, ya que el profesor tiene que ceñirse a su plan y enseñar a toda la clase de la misma manera.

También existe la creencia de que integrar a un niño en un aula ordinaria conlleva el riesgo de que sea rechazado y/o acosado por sus compañeros de clase, dos cuestiones de las que hablaremos a continuación.

CÓMO TRATAR EL ACOSO ESCOLAR

Debido a la falta de habilidades sociales y comunicativas del niño, hacer amigos puede ser difícil para los que padecen espectro. Los padres suelen temer que esto provoque que otros niños rechacen a su hijo o, peor aún, que le acosen por ser "diferente". También está el estrés del enmascaramiento al que puede enfrentarse su hijo, del que hablamos con gran detalle en el capítulo cuatro.

El trastorno del espectro autista puede convertir a un niño en el blanco perfecto de los acosadores. Todo ello se debe a que se les considera vulnerables debido a sus problemas para comunicar lo que piensan y expresar lo que sienten. Sin embargo, es posible que su hijo ni siquiera se dé cuenta de que está siendo acosado si tiene dificultades para entender el lenguaje corporal, las expresiones faciales, las intenciones y el tono de voz de los demás.

Además, otra cosa que hay que tener en cuenta es que, debido a la forma imprecisa que tiene tu hijo de comunicar sus pensamientos o a que es brusco sin querer, puede que no se dé cuenta de que ha ofendido a alguien y se ha puesto una diana en la espalda. Aunque, no quiero que pienses que sólo porque los incidentes de acoso ocurren en la escuela que no hay nada que puedas hacer al respecto. Tienes la capacidad de intervenir y de evitar que se produzca el acoso.

He aquí algunas formas de intervenir y evitar que su hijo sea víctima de acoso escolar:

- Si tu hijo te dice que cree que le están acosando o te enteras de que esto está ocurriendo, tienes que llevarlo a los responsables del colegio. Los profesores podrán vigilar a tu hijo para asegurarse de que está a salvo y evitar que ocurra, al tiempo que mantendrán la confidencialidad de tus preocupaciones para que el acoso no empeore.
- Ayude a su hijo a hacer amigos invitando a casa a un compañero de clase con el que comparta un interés común. La amistad puede trasladarse al aula y ayudarles a hacerse amigos de otros niños de la clase.
- Puede ayudar a evitar que su hijo se convierta en un objetivo hablando de por qué el acoso es malo. y por

qué deben defenderse. Puedes ayudarles a practicar mediante juegos de rol, que les enseñan formas eficaces de calmar una situación de manera efectiva.

- Asegúrese de que su hijo no lleva dinero, objetos de valor o su juguete favorito al colegio.
- Recuerde a su hijo que no está "chivándose" si le cuenta a usted o a un profesor que está siendo acosado. Se trata de mantenerlos a salvo.

DEFIENDA A SU HIJO

Usted es el defensor número uno de su hijo, pero eso no significa que el trabajo sea fácil. Una de las razones por las que defender a tu hijo puede ser tan difícil es que no puedes dejar que tus emociones se interpongan. Tienes que controlar tus sentimientos, ser claro y conciso cuando hables de las áreas y asignaturas en las que tu hijo tiene dificultades, permanecer abierto a posibles soluciones y ser paciente mientras esperas a que la escuela haga cambios debido a los múltiples pasos y personas por los que tiene que pasar el plan para ser puesto en práctica.

Estos son algunos de los mejores consejos para defender a tu hijo, sobre todo en las reuniones de los planes IEP y 504:

- **Haga que la reunión se centre en *su* hijo:** Lleve una foto de su hijo para que el comité con el que se reúna pueda ponerle nombre y cara. Hacerlo real para ellos hace que tu hijo sea mucho más que un nombre o un número en un papel y les recuerda que la educación y el bienestar de tu hijo son tu principal preocupación.

- **Traiga una lista de las áreas y asignaturas que más le cuestan a su hijo:** Prepare la lista de antemano para que no se sienta como si le estuvieran poniendo en un aprieto. Así también tendrá tiempo para sentarse y pensar sobre qué áreas deben tratarse, como la situación académica, emocional y conductual de su hijo, entre otras.

- **Mantén informados a los profesores y a las autoridades escolares sobre cualquier cambio en el comportamiento o regresión en las habilidades:** Aunque es posible que no vean estos cambios en persona, el profesor de tu hijo puede estar atento a este comportamiento y posiblemente investigar si el cambio está causado por un problema en el aula. **Lleve toda la documentación y las evaluaciones necesarias:** Aunque algunos colegios tienen su propio psicólogo, si ya se han realizado todas las evaluaciones necesarias, el proceso de poner en marcha un plan puede ser mucho más rápido. más rápido si lleva copias de estos informes.

- **Establezca objetivos y expectativas realistas:** Al final de cada reunión, se le preguntará qué objetivos y expectativas le gustaría que su hijo alcanzara al final del curso escolar. Aunque sería fantástico que su hijo se convirtiera en el chico más popular del colegio, con sobresalientes y capaz de mantener una conversación durante horas, eso no es realista. En lugar de eso, lo único que conseguirá es que su hijo fracase y se sienta decepcionado. Piense qué objetivos podría alcanzar su hijo en el plazo de ocho o nueve meses, y si consigue alcanzarlos o superarlos antes de que termine el curso escolar, su hijo sentirá orgullo y logro por su éxito.

- **No tengas miedo de llevar tus preocupaciones a los niveles superiores de la cadena de mando:** La administración escolar no puede hacer mucho, pero si no estás contento con la marcha de las cosas o no están cumpliendo con sus obligaciones, siempre puedes plantear tus preocupaciones al siguiente nivel de los departamentos administrativos. Tienes todo el derecho a hacerlo, igual que tu hijo tiene todo el derecho a que se atiendan sus necesidades para que pueda recibir una educación de calidad.

WRAP- UP

En este capítulo hemos hablado de algunas frustraciones a las que se enfrentan a menudo los padres de niños autistas. Ha aprendido los pros y los contras de la escolarización ordinaria, cómo afrontar, intervenir y evitar que su hijo sufra acoso escolar y cómo ser el defensor número uno de su hijo. Por desgracia, estas tres preocupaciones son muy comunes, pero eso también significa que no estás solo.

En el próximo capítulo, descubrirás formas de practicar el autocuidado para no agotarte por el estrés de cuidar a un niño con autismo o con cualquier otra necesidad especial.

AGOTAMIENTO PARENTAL Y ESTRATEGIAS DE AUTOCUIDADO

Los padres autistas son fuertes, decididos y ferozmente protectores. Se enfrentan a retos que otros no pueden imaginar y nunca se rinden.

— UNKNOWN

La crianza es dura, y nunca me oirás decir que no lo es. Además de los horarios escolares, las citas con el médico, los desplazamientos para asistir a actividades extraescolares y el doble control para asegurarse de que se han hecho los deberes, hay que tener en cuenta el concepto de mantener a tu hijo con vida. Darle de comer, bañarle y simplemente estar presente puede pasarle factura, y eso si su hijo es autosuficiente. Si a eso le añadimos el cuidado y la atención que requiere el cuidado de un niño con necesidades especiales, en cualquier momento que podías tener para ti disminuye lentamente hasta que ya no te queda nada en el depósito.

Cuidar de los niños y asegurarse de que sus necesidades son lo primero nos deja a nosotros y a nuestras necesidades en un segundo plano. Nos olvidamos de que la vida era mucho más sencilla cuando podíamos bañarnos tranquilamente y a menudo nos recordamos a nosotros mismos que esta es nuestra vida ahora. Tomamos la decisión consciente de aceptarlo como la verdad y seguimos adelante hasta que, un día, nos esfumamos.

Los padres se centran en sus hijos con necesidades especiales, asegurándose de que no sufren agotamiento, sin tener en cuenta lo cerca que están de agotarse ellos mismos. Pues bien, estoy aquí para decirte que no tiene por qué ser así. En este capítulo, aprenderás la importancia del autocuidado y cómo no puedes servir de un vaso vacío.

LA CARGA EMOCIONAL Y DE ESTRÉS QUE SUPONE SER UN PADRE CON NECESIDADES ESPECIALES EN YOU

Entre el estrés de llevar a tu hijo a diferentes médicos y terapeutas, acordarte de correr al supermercado y sentirte juzgado por extraños, ¡no es de extrañar que te sientas tan agotado! Además, ¿te acordaste de coger un galón de leche? Sólo bromeaba, pero en serio, ser el cuidador de un niño con necesidades especiales puede tomar un un grave perjuicio para tu salud mental, emocional y, a la larga, física.

Por no mencionar que cada niño del espectro es único y diferente, por lo que los consejos que recibas de otros padres con necesidades especiales pueden no ayudarte como esperabas. A veces, incluso pueden ser contraproducentes y empeorar las cosas, añadiendo un nuevo nivel de estrés a tu día a día. Centramos toda nuestra atención y nuestro tiempo en controlar a nuestros hijos, en ver si están sobreestimulados, si siguen su rutina y si no tienen comportamientos repetitivos o estimulantes perjudiciales. Entonces, antes de que nos demos cuenta, es hora de irse a la cama, sólo para que vivamos en una versión retorcida del *Día de la Marmota*, sólo que con menos risas y ritmo cómico.

En cuanto tenemos cinco minutos de paz y tranquilidad para disfrutar de nuestra taza de café matutina, reflexionamos sobre todas las veces que hemos dado por sentado nuestro "tiempo para mí". O tal vez estemos demasiado ocupados pensando en la siguiente tarea que tenemos por delante y en los planes para el día. La doctora Melanie Pellecchia, profesora adjunta de psicología en la Clínica de Autismo del Centro de Salud Mental de Filadelfia, lo explica mejor cuando dice (Upham, 2020include

Creo que las familias se enfrentan a retos relacionados con la vida escolar, social, médica y de tratamiento de sus hijos.

Los padres tienen que hacer malabarismos con tantas cosas. Puede extenderse a todos los aspectos de su vida y no dejarles mucho tiempo para las cosas cotidianas. (párrafo 3)

Las salidas familiares se convierten en un mito, sobre todo si tu hijo es propenso a las crisis explosivas o tiende a escaparse. La gente a la que no conoces te juzga a ti, a tu pareja y a tu estilo de crianza por el comportamiento de tu hijo, y rara vez tienen en cuenta que el niño que se tira al suelo llorando puede estar luchando porque está sobreestimulado y no porque sea un mal padre. Una vez más, se añade otra capa de estrés porque no sólo estás intentando calmar a tu hijo y tranquilizarlo, sino que además sientes los ojos de todo el mundo puestos en ti. Tienes que luchar con el arrebato de tu hijo además de con la percepción que los demás puedan tener de ti, lo que convierte lo que debería haber sido un viaje rápido al supermercado en un acontecimiento lleno de ansiedad.

Todo esto se reduce al hecho de que los padres de niños con TEA experimentan más estrés que los padres de niños con otras discapacidades (Upham, 2020). Estadísticamente, en comparación con niños con otras afecciones médicas graves, como la diabetes tipo uno o el síndrome de Down, los padres de un niño con autismo declaran niveles más altos de estrés psicológico y a menudo se sienten como si...no están siendo apoyados por su familia, amigos o comunidad (Picardi et al., 2018).

También está el aspecto de la presión financiera, normalmente debida al coste de los diferentes médicos y proveedores, el equipo terapéutico, las terapias adicionales que no cubre el seguro y el tiempo perdido por tener que dejar el trabajo antes de tiempo o faltar por completo. Además de los salarios perdidos, la organización sin ánimo de lucro Autism Speaks (2021) calcula que el coste económico de la terapia y los equipos necesarios puede ascender a 60.000 dólares, y eso sólo durante los años de la infancia. Además, el hecho de que se considere a la mayoría de las madres como las principales cuidadoras del niño es otra carga que deben soportar. Por supuesto, no consideran que su hijo sea una carga, pero es más probable que las madres de niños con necesidades especiales trabajen menos horas a lo largo de la semana, es menos probable que trabajen fuera de casa y ganan considerablemente menos que los padres de niños neurotípicos (Autism Speaks, 2021).

LOS PELIGROS Y RIESGOS DEL AGOTAMIENTO PARENTAL

Si alguien merece tomarse un tiempo para sí mismo, eres tú. Créeme, ¡te lo has ganado! Como dije al principio del libro, te veo. Sé lo mucho que estás luchando, tratando de mantenerlo todo junto sin perder tu de la realidad. Veo las horas que dedicas a asegurarte de que tu hijo prospera y lleva una vida feliz, el esfuerzo que pones en cada comida, momento de juego y cumplimiento de las técnicas terapéuticas, y con qué frecuencia descuidas tus propias necesidades para poder dar prioridad a tu hijo, a tu pareja y al resto de la familia.

¿Recuerdas cuando nació tu primer hijo, o posiblemente el único, y todo el mundo te decía que no te excedieras? Que sólo eres una persona y que debes descansar cuando el niño descanse. Después de una semana de noches sin dormir, mirando la casa sucia y preguntándote cuándo fue la última vez que te lavaste el pelo, empezaste a cuestionarte si ese pequeño ser humano te dejaría alguna vez cinco segundos a solas para que pudieras hacer algo. Te reías de la falta de sueño, afirmando que puedes dormir cuando tu hijo tiene 18 años, pero secretamente anhelabas ese "tiempo para mí" que antes tenías. Así que, ahora estoy aquí para preguntarte, ¿qué ha cambiado desde entonces?

El agotamiento no es sólo algo que les ocurre a las personas que trabajan 60 horas a la semana en un trabajo estresante. Los padres, especialmente los que tienen un hijo con necesidades especiales, también pueden sufrir agotamiento. De hecho, tiene un nombre: agotamiento del cuidador. Este tipo de agotamiento se define como "un sentimiento abrumador de agotamiento relacionado con la función de cuidador, un distanciamiento emocional de los hijos y una sensación de ineficacia parental" (Tamana et al., 2022). También se considera que los síntomas del agotamiento del cuidador son completamente diferentes a los de quienes experimentan agotamiento en el lugar de trabajo, ya que hay diferentes factores estresantes implicados, especialmente cuando el progenitor cuida de un niño con necesidades especiales. El riesgo de estar quemado también es mayor cuando el progenitor no pone en práctica estrategias de autocuidado para reducir su nivel de estrés, no cuenta con un sistema de apoyo eficaz e ignora sus propios problemas de salud mental.

Síntomas del agotamiento del cuidador

Hay cuatro síntomas y signos principales del agotamiento del cuidador que pueden desglosarse en síntomas más pequeños. Cuando se combinan, la gravedad del agotamiento del cuidador aumenta y se alarga el tiempo de recuperación.

Agotamiento abrumador

Todos nos sentimos agotados mental, física y emocionalmente de vez en cuando, pero la sensación de agotamiento excesivo y prolongado es precursora del agotamiento del cuidador.

Otros signos de este síntoma son

Sentirse cansado nada más levantarse, independientemente de cuántas horas haya dormido. Sentirse fatigado a lo largo del día.

Sentirse emocionalmente agotado, insensible o vacío de cualquier emoción, incluso cuando la situación lo requiere.

Sentirse como si se estuviera agotando, a pesar de beber café o cafeína durante todo el día.

Desapego emocional

Una vez que se experimenta la sensación de agotamiento interminable, lo más probable es que aparezca el desapego emocional. Al igual que ocurre con los síntomas de la depresión, el desapego emocional puede hacer que te sientas como si no hicieras más que seguir el ritmo de la vida.

Otros signos de este síntoma son

- limitar sus interacciones con sus hijos, pareja, familiares y amigos.
- Sentirse dubitativo, desconectado o inseguro sobre sus capacidades como padre o cuidador.
- Sentir que no está presente en el momento, que se ha alejado completamente de la realidad o que sueña despierto constantemente.
- alejándose de su implicación en las responsabilidades de cuidado.

Falta de placer o sensación de logro en su papel de padre o madre

Todos los padres sienten que les falta algo en algún momento. Ya sea porque sienten que su experiencia como cuidadores no es lo que esperaban, no encuentran placer en su papel en este momento o sienten que no están a la altura de sus propias expectativas, este síntoma es una gran señal de que el agotamiento está en el horizonte.

Otros signos de este síntoma son

- sentirse constantemente frustrado y harto de sus responsabilidades.
- sentir la necesidad de evitar pasar tiempo con sus hijos.
- no querer pasar tiempo de calidad con su hijo.
- sentirse constantemente insatisfecho con su papel de padre.

Cambios importantes de comportamiento y cambios de humor inusuales

Cualquiera corre el riesgo de estallar contra los demás cuando ha tenido un día estresante. Sin embargo, cuando tu carácter tranquilo se convierte en una ira explosiva, es señal de que corres el riesgo de sufrir una ruptura importante. Lo mismo ocurre con

Cambios de humor inusuales y erráticos. Cuando tú y los que te rodean estáis constantemente al límite, sin saber en qué momento puedes pasar de sonreír a arrancarles la cabeza, quizá debas plantearte tomarte un momento para ti porque vas camino del agotamiento.

Otros signos de este síntoma son

- Participar en comportamientos de riesgo que se considerarían inusuales en ti, como gastar más de la cuenta, comer en exceso, fumar o beber.

- Aislarse de los demás, incluida la familia más cercana.
- cambios de humor imprevisibles o reacciones exageradas ante pequeños problemas.

AFRONTAR EL AGOTAMIENTO DE FORMA SALUDABLE

Para empeorar las cosas, no siempre podemos controlar los síntomas del agotamiento, ni podemos hacer que se detengan una vez que empiezan. Esto puede hacer que te sientas desesperanzado y deprimido, pero hay formas de afrontarlos eficazmente:

- **Permítete sentir, reconocer y afrontar tus emociones:** Deja de reprimir tus sentimientos porque crees que a nadie le importarán. Deberías preocuparte por ti mismo lo suficiente como para prestar a tus emociones desbordantes la atención que merecen. Recuerde que su hijo está observando cómo gestiona usted sus emociones, y la mejor manera de que aprenda a regularlas es que usted le sirva de modelo.
- **Muéstrate un poco de respeto y sé amable contigo mismo:** Al ignorar tus propias necesidades, no te estás respetando a ti mismo. Por el contrario, te estás permitiendo ser un felpudo para los problemas de los demás en lugar de ocuparte de los tuyos. Sé amable

contigo mismo y tómate tu tiempo para relajarte, inspirar y espirar, y dar gracias por estar vivo y sano.

- **Encuentra tu sistema de apoyo:** Aunque no seas de los que acuden a sus amigos cuando necesitan hablar, eso no significa que no tengas amigos o familiares a tu lado. Seguro que tienes a mucha gente dispuesta a apoyarte en estos momentos difíciles; solo tienes que dejarles entrar.

- **Dedícate tiempo a ti mismo cuando lo necesites:** Todos necesitamos un respiro de vez en cuando, especialmente

- cuando nos sentimos estresados o tenemos un mal día. Cuando no nos tomamos tiempo para pensar, respirar y relajarnos, a menudo reaccionamos de forma exagerada ante pequeños problemas o experimentamos cambios de humor. En lugar de hacer una montaña de un grano de arena, tómate cinco minutos y sal a la calle. Te sorprenderá cómo unos minutos de tranquilidad y aire fresco pueden ayudarte a despejar la mente.

- **Crea tu propia rutina y límites saludables:** Muchos padres y cuidadores son lo que otros consideran "personas que sí". Estamos listos y dispuestos a hacer lo que haga falta para que nuestros hijos estén contentos, independientemente de si tenemos la energía o el tiempo para hacerlo. Intenta crear tu propia rutina al margen de la de tu hijo para tener tu propia sensación de previsibilidad. Dedica una hora

152 | JENNA KAYE

a ver la tele después de que tu hijo se vaya a dormir.
Programe un buen baño de burbujas en un momento
en que su hijo esté normalmente ocupado con una
actividad, lo que le dará a usted un momento para
relajarse mientras él está distraído y centrado en
otras tareas. O planifique un momento para que su
pareja o cónyuge pase tiempo de calidad con su hijo
y usted pueda leer un libro en su dormitorio.

En cuanto a los límites, tienes que establecer algunos
si aún no lo has hecho y reforzarlos si ya lo has hecho.
Deja claro a todo el mundo, ya sean amigos o vivan en
tu casa, que el hecho de que tengas unos minutos para
ti no significa que seas libre. Tu "tiempo para mí" es
muy merecido y necesitas tiempo para desconectar,
así que haz saber a todo el mundo que durante tus
descansos programados estás incom- municado.

- **Considere la posibilidad de recibir asesoramiento:**
  Ser padre conlleva sus propias dificultades, y puede
  ser muy estresante cuando no se tiene un hijo con
  autismo. A veces, hablar con un profesional
  cualificado sobre cómo te sientes puede ser la ayuda
  que necesitas. Si cree que el asesoramiento
  psicológico sería beneficioso para usted o que las
  otras formas de afrontar la situación no le están
  ayudando, le sugiero que consulte a un terapeuta. Un
  profesional cualificado puede darte una nueva

perspectiva y orientarte sobre cómo cuidar de ti mismo.

TÓMATE TIEMPO PARA CUIDAR DE TI MISMO

El autocuidado es esencial para su salud mental y emocional, así como para su bienestar general. Como padre o madre,

y como ser humano, no puedes servir de un vaso vacío. Esto significa que si tus recursos, tu energía y tu sentido de la felicidad están agotados, no puedes esforzarte de verdad cuando se trata de ayudar a los demás. Además, si tu sistema de apoyo es limitado y no hay nadie que te ayude a rellenar el vaso, te quedarás sin energía. Por no hablar de que no es justo que te asegures de que todo el mundo recibe tu amor, tu tiempo y tu admiración mientras tú descuidas darte a ti mismo el mismo respeto.

He aquí algunas formas de extender a ti mismo la atención y la energía que dedicas a los demás:

Salga a la naturaleza y disfrute del aire fresco

Ve al parque y da un agradable paseo. Descubre senderos que nunca hayas recorrido. Ve a nadar y mantente activo. Salga a correr por el barrio y aumente su ritmo cardíaco. La combinación de aire fresco y las endorfinas del ejercicio es una de las mejores formas de aliviar el estrés.

Además, si tu hijo parece tener siempre un exceso de energía reprimida, siempre puedes llevarlo contigo a los paseos. Es una forma estupenda de que haga ejercicio, queme el exceso de energía y duerma mejor por la noche. Quién sabe, quizá puedas empezar la noche antes y acabar con una hora extra de tranquilidad.

Encontrar un grupo y un sistema de apoyo

Reunirse e interactuar con padres como tú es una gran técnica de autocuidado. Te permite compartir tus sentimientos, aprender consejos útiles, encontrar grandes recursos y comunicarte con otros adultos. Sin embargo, recuerda que, aunque hablar de problemas comunes con personas afines puede ser una forma de expresar tus emociones, eres algo más que la madre de la pequeña Susie o el padre de Johnny. Eres toda una persona que resulta que es padre o madre.

Los grupos de apoyo están muy bien, pero necesitas un sistema de apoyo en el que puedas ser tú misma. Encuentra un grupo de amigos con los que pasar el tiempo y en el que el tema principal de conversación no sea tu hijo, sus diversas terapias o lo que ha dicho el último especialista. Encuentra personas que te ayuden a soltarte la melena y divertirte un poco porque, lo creas o no, a los padres se nos permite divertirnos de vez en cuando.

Mímate

¿Quién no se siente como una persona nueva cuando se corta el pelo, se afeita o se hace un tratamiento facial? Hay días en los que lo único que necesitamos es centrarnos en nuestro aspecto exterior. Las mamás pueden volver a sentirse humanas cuando se cuidan la uniceja que han estado demasiado ocupadas para depilarse, se tiñen las raíces o simplemente se pintan el pelo.

uñas de los pies. Los padres pueden ir a la peluquería a cortarse el pelo profesionalmente, comprarse ropa nueva y pasar por un restaurante de camino a casa para comer sin interrupciones.

Defender los servicios

Si las dificultades económicas son una fuente de estrés, siempre puedes investigar sobre recursos para tu hijo. Llame a su compañía de seguros y averigüe qué tipos de terapias están cubiertas. Quién sabe, puede que hayas estado pagando de tu bolsillo algunos servicios o terapias especializadas que tu seguro podría haber cubierto todo el tiempo. Sólo tenía que preguntar.

Además, si te vendría bien un descanso para dedicarte tiempo a ti mismo, tratar los síntomas del agotamiento o cuidar de tu propia salud, deberías buscar un relevo. Una explicación sencilla de lo que supone el relevo consiste en contratar a alguien para que se haga cargo durante un tiempo, como si fuera un cuidador ampliado. Por supuesto, eso no significa que vayas a dejar a tu hijo con alguien durante una semana o un mes. La mayoría de los cuidadores de relevo están dispuestos a cuidar de tu hijo desde unas horas hasta un fin de semana si tú, tu pareja y tu hijo confiáis en ellos lo suficiente, por supuesto.

Si está interesado en saber qué puede hacer por u s t e d un servicio de relevo, puede investigar dónde encontrar uno.

cuidador de relevo si no tienes un familiar o amigo que quiera o pueda ayudarte. Organizaciones como la National Respite Network pueden ayudarte a encontrar cuidadores de relevo formados en tu zona. Su sitio web incluye una base de datos que te dará detalles sobre todos los cuidadores competentes cercanos para que puedas encontrar el más adecuado para ti y tu hijo. Si el dinero es un problema, o más bien la falta de fondos, tal vez quieras considerar la posibilidad de buscar en programas de relevo como Developmental Disabilities Councils o Easter Seals, que pueden ayudarte con la parte financiera para encontrar un cuidado adecuado mientras tú te tomas un descanso.

Otra cosa a tener en cuenta son los campamentos de verano. Existen campamentos destinados a niños con necesidades especiales, algunos de ellos específicamente adaptados a niños con autismo. Si crees que tu hijo podría beneficiarse de un campamento, puedes consultar páginas web como Camp Resource, que contiene un amplio directorio de campamentos para autistas en tu zona.

Si está interesado en buscar e investigar campamentos que puedan ayudar a su hijo no sólo a desarrollar sus habilidades, sino que le permitan socializar con niños como él, consulte el sitio web de Camp Resources en www.campre source.-com/summer-camps/specialneeds/autism- camps.

WRAP- UP

Espero sinceramente que este capítulo te haya ayudado a aprender la importancia del autocuidado. El agotamiento del cuidador es real y sólo empeorará si no se da tiempo para recuperarse. También ha descubierto los signos del agotamiento, cómo afrontarlos y algunas formas de ser amable consigo mismo mediante el autocuidado. Tanto si decides dar un paseo a paso ligero, mimarte, buscar un servicio de relevo o incluso buscarle a tu hijo un campamento de verano bien organizado, estarás dando los pasos necesarios para cuidar de tu salud mental, emocional y física. Sólo quiero que recuerdes que crear tu propia rutina, tomarte cinco minutos para ti y reforzar tus límites no es un acto de egoísmo, ni debes sentirte culpable. Por el contrario, son formas de mostrarte respeto y algo de amor propio.

En el próximo capítulo, repasaremos en profundidad una lista de recursos útiles. Desde grupos de defensa hasta la búsqueda de apoyo educativo, podrás encontrar las respuestas que necesitas cuando te sientas solo o como si no tuvieras a quién acudir.

GRUPOS DE APOYO Y RECURSOS ADICIONALES

L principio de este libro, prometí darte algunos recursos cuando no sepas

dónde acudir, y tengo toda la intención de cumplir esa promesa. La verdad es que a veces ser padre de un niño con autismo, ya sea de nivel uno o tres, puede ser triste y solitario, pero no tienes que enfrentarte a todo esto tú solo. Hay toda una comunidad de padres, médicos, grupos de apoyo y organizaciones de defensa de los derechos que estarían encantados de ayudarte.

DEFENSA ORGANIZACIONES

Asociación Americana de Autismo

El objetivo de esta organización sin ánimo de lucro es ayudar a las familias de niños con autismo. Su sitio está lleno de recursos educativos, información sobre dónde puede encontrar apoyo para su familia, y ofrece los nombres de los programas terapéuticos. La asociación comenzó en 2010 y, por el momento, ayuda exclusivamente a las familias que viven en el sur de Florida y Nueva York; sin embargo, esperan ampliar sus recursos a todos los estados de Estados Unidos. Aunque, esto no significa necesariamente que usted no puede utilizar su línea directa de ayuda del autismo o posiblemente reunir información uniéndose a uno de sus talleres virtuales de padres. Si está interesado en investigar sobre esta empresa y ver qué pueden hacer por usted, visite su sitio web en www.myautism.org.

Si estás interesado en su línea directa de ayuda para el autismo, hay un enlace en el sitio web donde puedes enviar toda tu información y hacer preguntas. Aunque no pueden darte consejos médicos específicos para tu problema, sus profesionales cualificados pueden darte una lista de recursos que pueden ayudarte.

Autism Speaks

El único objetivo de esta organización es defender a familias como la suya. Su sitio web contiene tanta información que, literalmente, puedes encontrar lo que buscas con un solo clic. Los recursos que ofrecen están pensados para incluir a todas las personas con autismo en todas las etapas de su vida. Por ejemplo, hay numerosos artículos que explican el proceso de diagnóstico, describen los signos y síntomas e incluso cómo ayudar a su hijo en la transición a la edad adulta. El sitio web también incluye un grupo llamado Equipo de Respuesta al Autismo, que responderá a sus preguntas; una lista de proveedores y grupos de apoyo locales; horarios y lugares de eventos familiares adaptados al autismo; secciones dedicadas específicamente a quienes viven con TEA, padres y profesores; y artículos sobre cómo puede defender a su hijo.

Si está interesado en investigar sobre esta empresa y ver qué pueden hacer por usted, visite su sitio web en www.autisms-peaks.org.

Autismo Ahora

Esta empresa es un gran centro de recursos, lleno hasta los topes de información y artículos útiles sobre el autismo. También tiene páginas específicas dedicadas a cómo puede ayudar a su hijo en casa, en la escuela y en su entorno.

su comunidad. También tiene artículos de noticias de todo el país para mantenerle al día de todas las novedades dentro de la comunidad autista.

Si está interesado en investigar sobre esta empresa y ver lo que podría hacer por usted, consulte su sitio web en www.autismnow.org.

Centro de Control y Prevención de Enfermedades

Aunque este sitio web sobresale de los demás en cuanto a su lugar en la comunidad autista, su sitio tiene montañas de recursos para ti. Su lista de recursos incluye otras asociaciones y organizaciones a las que puedes dirigirte, información sobre la Operación Autismo para Familias Militares (destinada a familias de militares que tienen un hijo con autismo), dónde puedes encontrar ayuda financiera para las facturas médicas, ayuda para encontrar un médico cualificado en tu zona y dónde puedes encontrar servicios de intervención temprana para tu hijo.

Si le interesa consultar la lista de recursos de los CDC, visite su sitio web en www.cdc.gov/ncbddd/autism/links.html.

APOYAR A LOS GRUPOS

Mi equipo de autismo

Este sitio web no sólo es una plataforma de redes sociales para padres de niños con autismo, sino que también tiene artículos útiles que incluyen información sobre los distintos tipos de autismo, comportamientos y síntomas, tratamientos e incluso un enlace al que acudir cuando usted o su hijo estén en crisis.

Si te interesa comunicarte con padres como tú, visita su sitio web en www.myautismteam.com.

Red Asperger/Autismo

Esta organización se dedica a ayudar a las personas con autismo a relacionarse con los demás, proporcionándoles recursos educativos, dándoles un sentido de comunidad y abogando por ellos. Tienen varios tipos de foros, desde padres de niños autistas hasta cónyuges de adultos neurotípicos. Entre los administradores de sus tablones de mensajes y debates hay asesores, familiares de personas con autismo o personas que padecen el trastorno.

Si quieres ver lo que ofrece este grupo de apoyo, visita su sitio web en www.aane.org/online-forums.

Conectar con el autismo

Si los grupos de apoyo en línea no son lo tuyo, o crees que te beneficiaría más un grupo de apoyo en persona, puedes utilizar Autism Connect para buscar reuniones en tu zona. Si esto te interesa, visita su sitio web en www.autismconnect.-com/parent-support-groups.

REDES SOCIALES PAGES

Concienciación sobre el autismo

Esta página de Instagram es una cuenta de defensa que publica con frecuencia sobre diversos temas relacionados con el autismo, como la estimulación y el agotamiento autista. También pone en contacto a personas de todo el mundo, permitiéndoles compartir sus experiencias sobre el tema.

Supermadres autistas

Esta página de Instagram está dirigida específicamente a madres de niños con TEA. Las publicaciones incluyen diapositivas informativas y vídeos sobre las dificultades a las que pueden enfrentarse las madres cuando crían a un niño con autismo y es una forma estupenda de comunicarse y compartir consejos útiles con otras madres.

Club de lectura para autistas

Se trata de una cuenta de Facebook e Instagram que publica no solo libros escritos sobre el autismo, sino también libros escritos por autores con esta enfermedad. También publican contenidos divertidos que te harán reír después de un largo día.

Red de apoyo al autismo

Esta cuenta de Facebook es una organización sin ánimo de lucro cuya única misión es conectar a familias y personas con TEA en un esfuerzo por orientarlas, unirlas y conectarlas globalmente mediante artículos de noticias recientes y actualizaciones sobre esta afección. Cubren todos los aspectos, desde cómo se presenta el autismo en los principales medios de comunicación hasta la formación especializada que reciben los agentes de policía cuando se trata de personas con TEA.

Comunidad de apoyo al autismo

Esta página de Instagram está dirigida por un padre al que le diagnosticaron autismo más tarde y que relata su experiencia en la crianza de dos hijos autistas. Sus publicaciones se centran principalmente en el autismo, la salud mental y el acoso escolar.

APOYO EDUCATIVO

Actividades virtuales

Nos guste o no, Internet se ha apoderado de todo. Pero no siempre es malo. Por ejemplo, hay muchas actividades virtuales que puedes hacer con tu hijo para ayudarle a reforzar sus habilidades. Empresas como Autism Speaks tienen una página web entera dedicada a estos sitios web llenos de recursos que pueden ayudarte a practicar la lectura y las matemáticas, a realizar diferentes tipos de manualidades e incluso a hacer excursiones virtuales. Para ver qué le puede interesar a tu hijo, puedes consultar www.autisms peaks.org/virtual-activities-kids-autism.

Si tu hijo tiene dificultades con las habilidades sociales, como el contacto visual y la lectura de las señales sociales, también hay actividades y juegos virtuales que pueden ayudarle. Sensory Kid no sólo ofrece actividades virtuales educativas, sino también toda una lista de sitios, aplicaciones y juegos que pueden ayudar con las actividades sensoriales, el control de esfínteres, la escritura a mano y mucho más. Para ver qué

166 | JENNA KAYE

le puede interesar a tu hijo, puedes consultar www.sensory kid.info/blog/educational-and-sensoryfriendly-online-resources-for-children-with-autism.

Departamento de Educación

La mejor manera de defender a su hijo es conocer las leyes relativas a las adaptaciones que merecen los niños con autismo para recibir una educación completa. El Departamento de Educación tiene numerosos artículos dedicados a los niños con necesidades especiales, y es posible que encuentre cubiertos algunos de los problemas a los que se enfrenta su hijo en la escuela. Para ver si este sitio web puede serle de ayuda, consulte el sitio web del Departamento de Educación en www.ed.gov.

WRAP- UP

Espero sinceramente que en esta lista encuentre todos los recursos que necesita. Ser padre de un niño con autismo puede ser duro, pero, como ya he dicho, no está solo en esto. Hay muchas empresas, organizaciones y sitios web que pueden ayudarle, por no mencionar todos los grupos de apoyo formados por padres y cuidadores que luchan como usted. No dejes que el orgullo te impida pedir ayuda porque, al final, todo el mundo necesita una mano amiga y un hombro en el que apoyarse. Por suerte, la gente de estas comunidades son personas amables y cariñosas que te recibirán con los brazos abiertos.

UNA FORMA FÁCIL DE AYUDAR A OTROS PADRES

Espero que con estas nuevas herramientas y estrategias en tu bolsillo, tu trabajo como padre te resulte mucho más fácil, y me gustaría pedirte que me ayudes a llevarlo a más gente.

Simplemente compartiendo tu opinión sincera sobre este libro y algo sobre tu experiencia, mostrarás a otros padres de niños con autismo dónde pueden encontrar la orientación que buscan.

WANT TO HELP OTHERS?

Muchas gracias por su apoyo. Cuando trabajamos juntos, podemos marcar una gran diferencia.

CONCLUSIÓN

Ser padre es uno de los trabajos más duros, si no *el* más duro, del mundo. Requiere tiempo, energía y esfuerzo, incluso cuando estamos demasiado agotados por nuestros trabajos diarios. Nunca dejamos de preocuparnos por nuestros hijos, preguntándonos qué tipo de persona serán o cómo cuidarán de sí mismos cuando sean mayores. Si a todo esto le añadimos un diagnóstico como el trastorno del espectro autista, nos vemos obligados a agarrarnos a un clavo ardiendo. Necesitas respuestas y apoyo y a menudo no sabes a quién acudir. Por eso escribí este libro, para dar a los padres y cuidadores toda la información que necesitan para ayudar y apoyar a sus hijos.

En el capítulo uno, repasamos qué es el trastorno del espectro autista, sus síntomas y desacreditamos los siguientes puntos algunos mitos relacionados con este trastorno. También repasamos los tres niveles diferentes de autismo y lo que significan, así como algunas de las causas y factores de riesgo conocidos.

En el Capítulo 2, aprendiste todo sobre las diferencias entre las crisis nerviosas y las rabietas típicas. También aprendió a determinar si su hijo está visiblemente enfadado porque no ha conseguido lo que quería o si está sobreestimulado y frustrado. A continuación, repasamos algunos consejos, técnicas y estrategias para calmar a tu hijo durante una crisis y consejos para prevenirlas.

En el tercer capítulo repasamos qué es la estimulación y cómo se utiliza para que un niño con TEA regule sus emociones. El uso de conductas repetitivas les ayuda a estimular sus sentidos o a evitar que se sobreestimulen. También aprendiste todo sobre la ecolalia y cómo se utiliza como medio de comunicación para un niño con autismo. A continuación, nos adentramos en el mundo de los problemas sensoriales, los diferentes tipos y las formas de ayudar a su hijo a lidiar con estas sensibilidades. También aprendiste algunas técnicas de intervención para ayudar a tu hijo cuando sus comportamientos repetitivos empiezan a tomar el control de su vida.

Luego, en el capítulo cuatro, descubriste la verdad sobre el "enmascaramiento". Había algunas estadísticas muy importantes sobre los efectos del enmascaramiento en los niños con trastorno del espectro autista. También aprendiste los signos y etapas del enmascaramiento, así como quiénes son más propensos a practicarlo y la importancia de desenmascarar.

El capítulo cinco trataba de la compleja naturaleza del contacto visual, más concretamente, de cómo evitarlo y de las consecuencias de obligar a tu hijo a hacerlo. También aprendió algunas formas de ayudar a que el contacto visual sea más natural para su hijo. En el capítulo seis, aprendiste la importancia de la rutina y la constancia. También repasamos cómo crear y mantener una rutina, así como la forma de ayudar a su hijo a adaptarse a un cambio en su horario.

En el capítulo siete, repasamos los distintos tipos de comunicación y cómo ayudar a su hijo en este proceso. En el capítulo ocho, aprendiste a ayudar a tu hijo a desarrollar las habilidades emocionales y sociales que necesitará en el mundo exterior.

En los capítulos nueve y diez nos centramos en los problemas a los que se enfrentan a menudo los padres de niños con necesidades especiales. En el primero, usted aprendió algunas formas eficaces de hacer frente a las frustraciones habituales de los padres, principalmente la escolarización ordinaria, el trato con los acosadores y cómo defender a su hijo. Luego, en el Capítulo Diez, analizamos qué es el agotamiento de los padres y cuidadores.

cómo recuperarse de ella y algunas formas de respetarse a sí mismo mediante prácticas de autocuidado. Por último, pero no por ello menos importante, se te proporcionó una buena dosis de recursos para los momentos en que sientas que necesitas ayuda. Esta lista incluía grupos de defensa y apoyo, cuentas de redes sociales a las que puedes unirte y distintos tipos de apoyo educativo.

Aunque el autismo no es una enfermedad que se adapte a todos, mi única esperanza es que este libro le ayude a aceptar el diagnóstico de su hijo y a apoyarle a medida que avanza en la vida. Tanto si su hijo es no verbal, altamente funcional o se encuentra en algún punto intermedio, sus experiencias serán diferentes, pero eso es bueno. ¿Por qué? Porque su hijo es único y debe ser tratado como tal.

Recuerde que aunque tener un hijo con autismo es un reto, es un regalo. Y con un poco de paciencia, amor, apoyo y valentía, podrás superar los momentos difíciles y ver cómo tu hijo se convierte en una persona hermosa, feliz y próspera, lo que te llenará de orgullo y admiración.

Ahora que está equipado con los conocimientos, consejos y técnicas que necesita para navegar por las impredecibles pero maravillosas aguas del trastorno del espectro autista, usted y su hijo pueden empezar una vida llena de amor, esperanza y alegría.

Si le ha gustado este libro, deje una reseña en Amazon. Al hacerlo, harás saber a otros padres con dificultades que este libro también puede ayudarles.

REFERENCIAS

American Autism Association. (n.d.-a). *About us*. American Autism Association. https://www.myautism.org/who-we-are

American Autism Association. (n.d.-b). *Home*. American Autism Association. https://www.myautism.org/?gclid=Cj0KCQjwjryjBhD0ARIsAMLvnF_PUZzYpjcNcmr9USy31xmrujJR0tNN_AK-Sj7ne4BUv1q4nr2lTVcaArB_EALw_wcB

American Psychiatric Association. (2013). *Diagnostic and statistical manual of mental disorders* (5th ed.). American Psychiatric Publishing.

Andersen, R. (2022, December 16). *Understanding and managing emotional problems in autistic children and teenagers*. Autism Parenting Magazine. https://www.autismparentingmagazine.com/understanding-autism-emotional-problems/

Andreasen, H. (2022, June 4). *Level 3 autism: Symptoms, challenges, and therapies*. Songbird Care.

Apks PC. (2022, December 4). *JABtalk (com.jabstone.jabtalk.basic) - 5.2.5 - Application - APKsPC*. Apks PC. https://apkspc.com/App/com.jabstone.jabtalk.basic/

Applied Behavior Analysis. (2019). *5 ways individuals with autism communicate*. Applied Behavior Analysis Programs Guide. https://www.appliedbehavioranalysisprograms.com/lists/5-ways-individuals-with-autism-communicate/

Asperger/Autism Network. (n.d.-a). *About our organization*. The Asperger / Autism Network (AANE). https://www.aane.org/about-us/about-our-organization-2/

Asperger/Autism Network. (n.d.-b). *Online learning & support groups opportunities*. The Asperger / Autism Network (AANE). https://www.aane.org/online-forums/

Autism. (2023, March 29). World Health Organization (WHO). https://www.who.int/news-room/fact-sheets/detail/autism-spectrum-disorders

Autism Connect. (n.d.). *Find a parent support groups near me*. Autism Connect. https://www.autismconnect.com/parent-support-groups

Autism Now. (2011). *The arc's autism now center*. Autism Now. https://autismnow.org/

Autism Speaks. (2021). *Autism statistics and facts*. Autism Speaks. https://www.autismspeaks.org/autism-statistics-asd

Autism Speaks. (n.d.-a). *Our mission*. Autism Speaks. https://www.autismspeaks.org/our-mission

Autism Speaks. (n.d.-b). *Virtual activities*. Autism Speaks. https://www.autismspeaks.org/virtual-activities-kids-autism

Autism Specialty Group. (2021, December 24). *Importance of consistency in autism, routine and autism*. Autism Specialty Group. https://www.autismspecialtygroup.com/blog/importance-of-consistency-in-autism

Autism Treatment Center of America. (2016, November). *The difference between meltdowns & tantrums*. Autism Treatment Center of America. https://autismtreatmentcenter.org/knowledge-base/the-difference-between-meltdowns-and-tantrums/#:~:text=A%20tantrum%20will%20usually%20stop

Baby Sparks. (2019, August 26). *Autism & social-emotional development*. Baby Sparks. https://babysparks.com/2019/08/26/autism-social-emotional-development/

Bailey, E. (2014, October 9). *The pros and cons of mainstream classrooms for children with autism*. Health Central. https://www.healthcentral.com/article/the-pros-and-cons-of-mainstream-classrooms-for-children-with-autism

Behavioral Innovations. (2021a, July 14). *20 Famous people with autism spectrum disorder (ASD)*. Behavioral Innovations. https://behavioral-innovations.com/blog/20-famous-people-with-autism-spectrum-disorder-asd/

Behavioral Innovations. (2021b, December 1). *Autism and eye contact: 7 tips to help children with ASD*. Behavioral Innovations - ABA Therapy for Kids with Autism. https://behavioral-innovations.com/blog/children-with-asd-improve-eye-contact/

Belcher, H. (2022, July 7). *Autistic people and masking*. National Autistic Society. https://www.autism.org.uk/advice-and-guidance/professional-practice/autistic-masking#:~:text=Masking%20may%20involve%20suppressing%20certain

Bennie, M. (2022a, January 11). *What is autistic masking?* Autism Awareness. https://autismawarenesscentre.com/what-is-autistic-masking/

Bennie, M. (2022b, March 23). *Understanding echolalia in autism spectrum disor-*

ders. Autism Awareness. https://autismawarenesscentre.com/understan ding-echolalia-in-autism-spectrum-disorders/

Brownlow, C., Bertilsdotter Rosqvist, H., & O'Dell, L. (2013). Exploring the potential for social networking among people with autism: challenging dominant ideas of "friendship." *Scandinavian Journal of Disability Research*, *17*(2), 188–193. https://doi.org/10.1080/15017419.2013.859174

Camp Resource. (n.d.). *Autism camps*. Camp Resource. https://www.campre source.com/summer-camps/special-needs/autism-camps/

CASRF. (2023, March 13). *What is aphasia disorder in children*. Scottish Rite Foundation. https://www.casrf.org/post/what-is-aphasia-disorder-in-children

Cassidy, S., Bradley, L., Shaw, R., & Baron-Cohen, S. (2018). Risk markers for suicidality in autistic adults. *Molecular Autism*, *9*(1). https://doi.org/10.1186/s13229-018-0226-4

CDC. (2017, May 9). *Links to other websites*. Centers for Disease Control and Prevention. https://www.cdc.gov/ncbddd/autism/links.html

CDC. (2023, April 4). *Data & statistics on autism spectrum disorder*. Centers for Disease Control and Prevention. https://www.cdc.gov/ncbddd/autism/data.html

Cleveland Clinic. (2020, December 29). *Autism spectrum disorder (ASD): Causes, symptoms, treatment & outlook*. Cleveland Clinic. https://my.clevelandclinic.org/health/diseases/8855-autism

Copeland, J. N. (2018). *What is autism spectrum disorder?* Psychiatry.org; American Psychiatric Association. https://www.psychiatry.org/patients-families/autism/what-is-autism-spectrum-disorder

Cupo, A. (2020, March 24). *Developing social and emotional skills in children with autism*. Stepping Forward Counseling Center. https://www.steppingfor wardcounselingcenter.com/developing-social-and-emotional-skills-with-autism/

Engelbrecht, N. (2022, June 11). *Empathic attunement: catching others' emotions*. Embrace Autism. https://embrace-autism.com/empathic-attunement-catching-others-emotions/

FCA. (n.d.). *How to communicate with a nonverbal autistic child*. Foster Care Associates. https://www.thefca.co.uk/fostering-autistic-children/commu nicating-with-a-nonverbal-child/

Fritz, H. L., & Helgeson, V. S. (1998). Distinctions of unmitigated communion from communion: Self-neglect and overinvolvement with others. *Journal of Personality and Social Psychology, 75*(1), 121–140. https://doi.org/10.1037/0022-3514.75.1.121

Gaigg, S. B. (2012). The interplay between emotion and cognition in autism spectrum disorder: Implications for developmental theory. *Frontiers in Integrative Neuroscience, 6*(113). https://doi.org/10.3389/fnint.2012.00113

Hadjikhani, N., Åsberg Johnels, J., Zürcher, N. R., Lassalle, A., Guillon, Q., Hippolyte, L., Billstedt, E., Ward, N., Lemonnier, E., & Gillberg, C. (2017). Look me in the eyes: constraining gaze in the eye-region provokes abnormally high subcortical activation in autism. *Scientific Reports, 7*(1). https://doi.org/10.1038/s41598-017-03378-5

Hazel. (2022, October 11). *Cultivating critical thinking skills in children with autism*. Healis Autism Centre. https://www.healisautism.com/post/cultivating-critical-thinking-skills-children-autism

Herdegen, M. (2023, April 25). *9 inspiring autism mom quotes*. Goally Apps for Kids. https://getgoally.com/blog/9-inspiring-autism-mom-quotes/

Holt, R., Upadhyay, J., Smith, P., Allison, C., Baron-Cohen, S., & Chakrabarti, B. (2018). The Cambridge sympathy test: Self-reported sympathy and distress in autism. *PLOS ONE, 13*(7), e0198273. https://doi.org/10.1371/journal.pone.0198273

Howlin, P. (1996). *Obsessional and ritualistic behaviours*. Routledge.

Hull, L., Lai, M.-C., Baron-Cohen, S., Allison, C., Smith, P., Petrides, K. V., & Mandy, W. (2019). Gender differences in self-reported camouflaging in autistic and non-autistic adults. *Autism, 24*(2), 136236131986480. https://doi.org/10.1177/1362361319864804

Hull, L., Petrides, K. V., Allison, C., Smith, P., Baron-Cohen, S., Lai, M.-C., & Mandy, W. (2017). "Putting on my best Normal": Social camouflaging in adults with autism spectrum conditions. *Journal of Autism and Developmental Disorders, 47*(8), 2519–2534. https://doi.org/10.1007/s10803-017-3166-5

Jack, C. (2022, August 23). *Why i don't show my emotions as an autistic woman*. Psychology Today. https://www.psychologytoday.com/us/blog/women-autism-spectrum-disorder/202208/why-i-dont-show-my-emotions-autistic-woman

Jones, W., & Klin, A. (2013). Attention to eyes is present but in decline in 2–6-

month-old infants later diagnosed with autism. *Nature, 504*(7480), 427–431. https://doi.org/10.1038/nature12715

Kennedy Krieger Institute. (2013). *Myths & facts about autism spectrum disorder.* Kennedy Krieger Institute. https://www.kennedykrieger.org/stories/myths-facts-about-autism-spectrum-disorder

Lee, C. I. (2022, September 12). *Seven steps to unmasking as a neurodivergent person.* LA Concierge Psychologist. https://laconciergepsychologist.com/blog/unmasking-neurodivergent-person/

Loftus, Y. (2021, February 22). *Autism eye contact: it's not easy for ASD kids.* Autism Parenting Magazine. https://www.autismparentingmagazine.com/autism-eye-contact/

Lowry, L. (2016). *3 things you should know about echolalia.* The Hanen Centre. https://www.hanen.org/Helpful-Info/Articles/3-Things-You-Should-Know-About-Echolalia.aspx

Luke, L., Clare, I. C. H., Ring, H., Redley, M., & Watson, P. (2011). Decision-making difficulties experienced by adults with autism spectrum conditions. *Autism, 16*(6), 612–621. https://doi.org/10.1177/1362361311415876

Mayo Clinic. (2018, January 6). *Autism spectrum disorder - Symptoms and causes.* Mayo Clinic. https://www.mayoclinic.org/diseases-conditions/autism-spectrum-disorder/symptoms-causes/syc-20352928

McPherson, D. (2022, October 21). *Teaching autistic children critical thinking skills.* Autism Parenting Magazine. https://www.autismparentingmagazine.com/teaching-children-critical-thinking-skills/

Moriuchi, J. M., Klin, A., & Jones, W. (2017). Mechanisms of diminished attention to eyes in autism. *American Journal of Psychiatry, 174*(1), 26–35. https://doi.org/10.1176/appi.ajp.2016.15091222

MyAutismTeam. (n.d.). *Autism parents support online.* My Autism Team. https://www.myautismteam.com/

NAS. (2020, August 14). *Meltdowns - a guide for all audiences.* National Autistic Society. https://www.autism.org.uk/advice-and-guidance/topics/behaviour/meltdowns/all-audiences#H2_0

National Autistic Society. (2020, August 14). *Dealing with change - a guide for all audiences.* National Autistic Society. https://www.autism.org.uk/advice-and-guidance/topics/behaviour/dealing-with-change/all-audiences

Neuhaus, E., & Webb, S. J. (2019, July 16). *For autistic children, emotional problems may hinder social success*. Spectrum. https://www.spectrumnews. org/opinion/for-autistic-children-emotional-

Nicole. (2022, June 28). *Meltdowns & calming techniques in autism*. Autism Research Institute. https://autism.org/meltdowns-calming-techniques-in-autism/

NU. (2021, September 23). *7 autism behavior and communication strategies*. National University. https://www.nu.edu/blog/7-autism-behavior-and-communication-strategies/

Otsimo. (2018, January 3). *How to avoid repetitive behaviors in autism?* Otsimo. https://otsimo.com/en/avoid-repetitive-behaviors-autism/

Otsimo. (2020, April 20). *Eye contact and autism*. Otsimo. https://otsimo.com/ en/eye-contact-autism-spectrum/

Picardi, A., Gigantesco, A., Tarolla, E., Stoppioni, V., Cerbo, R., Cremonte, M., Alessandri, G., Lega, I., & Nardocci, F. (2018). Parental Burden and its correlates in families of children with autism spectrum disorder: A multi-centre study with two comparison groups. *Clinical Practice & Epidemiology in Mental Health, 14*(1), 143–176. https://doi.org/10.2174/ 1745017901814010143

Pietrangelo, A. (2017, April 12). *Stimming: Causes and management*. Healthline; Healthline Media. https://www.healthline.com/health/autism/stimming

Raising Children Network. (2017, June 13). *Stimming and autism spectrum disorder*. Raising Children Network. https://raisingchildren.net.au/ autism/behaviour/common-concerns/stimming-asd

Raising Children Network. (2020, November 19). *Sensory sensitivities: children and teenagers with autism spectrum disorder*. Raising Children Network. https://raisingchildren.net.au/autism/behaviour/understanding-beha viour/sensory-sensitivities-asd

Raising Children Network. (2022, April 28). *Recognizing, understanding, and managing emotions: autistic children and teenagers*. Raising Children Network. https://raisingchildren.net.au/autism/development/social-emotional-development/recognising-understanding-emotions-autistic-children-teens

Raymaker, D. M., Teo, A. R., Steckler, N. A., Lentz, B., Scharer, M., Delos Santos, A., Kapp, S. K., Hunter, M., Joyce, A., & Nicolaidis, C. (2020). "Having all of your internal resources exhausted beyond measure and being left with no clean-up crew": Defining autistic burnout. *Autism in Adulthood, 2*(2), 132–143. https://doi.org/10.1089/aut.2019.0079

Regan, T. (2020, March 5). *Recognizing mental rigidity in autism: 3 strategies to increase flexibility and enlarge your world.* Adult and Geriatric Autism. https://www.adultandgeriatricautism.com/post/recognizing-mental-rigi dity-in-autism-3-strategies-to-increase-flexibility-and-enlarge-your-world

Rudy, L. J. (2021, October 2). *How autism may affect sympathy and empathy.* Verywell Health. https://www.verywellhealth.com/do-people-with-autism-lack-empathy-259887#:~:text=7%EF%BB%BF%20Resear-chers%20found%20people

Rudy, L. J. (2022, February 23). *How to find respite care for autism caregivers.* Verywell Health. https://www.verywellhealth.com/respite-care-for-autism-260445

Rudy, L. J. (2022, September 10). *Autistic meltdowns and how to avoid them.* Verywell Health. https://www.verywellhealth.com/what-is-an-autistic-meltdown-260154

Russo, F. (2018, February 21). *The costs of camouflaging autism.* Spectrum | Autism Research News. https://www.spectrumnews.org/features/deep-dive/costs-camouflaging-autism/

Sensory Kid. (n.d.). *Educational and sensory-friendly online resources for children with autism.* Sensory Kid. https://www.sensorykid.info/blog/educational-and-sensory-friendly-online-resources-for-children-with-autism/

Staff, D. (2021, May 7). *71 Quotes To Remind You That You're Not Alone.* Del. Psych. Services. https://www.delawarepsychologicalservices.com/post/71-quotes-to-remind-you-that-you-re-not-alone

Stahmer, A. C., Akshoomoff, N., & Cunningham, A. B. (2011). Inclusion for toddlers with autism spectrum disorders. *Autism, 15*(5), 625–641. https://doi.org/10.1177/1362361310392253

Stanborough, R. J. (2021, September 9). *Understanding autism masking and its consequences.* Healthline. https://www.healthline.com/health/autism/autism-masking#effects

Steinberger, A. (2022, March 18). *3 ways to disrupt repetitive behaviors.* Autism Services of Kansas. https://www.autismservicesofkansas.com/3-ways-to-disrupt-repetitive-behaviors/

Tamana, S. K., Bakula, D., & Dempster, N. (2022, April 2). *Signs of caregiver burnout, what to do about it, and how to overcome it*. InfoAboutKids. https://infoaboutkids.org/blog/signs-of-caregiver-burnout-what-to-do-about-it-and-how-to-overcome-it/#:~:text=Any%20parent%20can%20experience%20burnout

Therapeutic Pathways. (2021, May 7). *Why children with autism need routines at home*. Therapeutic Pathways. https://www.tpathways.org/blog/why-children-with-autism-need-routines/

Tobik, A. (2021, August 5). *Quotes about autism*. Autism Parenting Magazine. https://www.autismparentingmagazine.com/quotes-about-autism/

Upham, B. (2020, July 27). *Self-care for autism caregivers*. Everyday Health. https://www.everydayhealth.com/autism/how-to-care-for-yourself-when-you-re-caring-for-someone-with-autism/

Verret, G. (2013, April 8). *Bullying and autism spectrum disorder (ASD): How to Help Your Child*. Children's Hospital Los Angeles. https://www.chla.org/blog/rn-remedies/bullying-and-autism-spectrum-disorder-asd-how-help-your-child

White, R. C., & Remington, A. (2018). Object personification in autism: This paper will be very sad if you don't read it. *Autism, 23*(4), 1042–1045. https://doi.org/10.1177/1362361318793408

Made in United States
Orlando, FL
27 November 2024

54552169R00114